杨早

李建新

汪曾祺

1000事

张家口
1958-1961

北京
1949-1958

北京
1962-1997

高邮
1920-1939

上海
1946-1948

昆明
1939-1946

香港
1949

海防
1949

杨早
徐强
李建新
——著

河南文艺出版社
·郑州·

序:《汪曾祺1000事》缘起

2019年年底,我在赶写一些研究汪曾祺的文字,以备2020年的汪曾祺百年诞辰纪念之用。反复读汪曾祺的文字,以及别人写他的文字,突然生了一个念头:好不好用《世说新语》的体裁,来写写汪曾祺的一生呢?

越想越觉得靠谱。汪曾祺是很看重《世说新语》的。这部难于归于现代文类的作品——不少文学史著说它是"笔记小说",笔记、小说,在这里其实都是中国独特的文类,跟西方传来的note(笔记)、novel(小说)大相径庭,实在要讲,大概就算是中国最早的非虚构(nonfiction)写作。

汪曾祺对《世说新语》的夸赞可谓多矣!

"中国本有用极简的笔墨摹写人事的传统,《世说新语》是突出的代表。其后不绝如缕。"(《〈晚饭花集〉自序》,1983 年)

"《世说新语》里记录了很多人的对话,寥寥数语,风度宛然。"(《语言要和人物贴近》,1982 年)

"《世说新语》全书的语言都很讲究。"(《小说笔谈》,1982 年)

"散文化小说的人像要求神似。轻轻几笔,神完气足。《世说新语》,堪称范本。"(《小说的散文化》,1986 年)

"《世说新语》是魏晋语言的宝库。"(《浅处见才》,1988 年)

"中国是个散文的大国,历史悠久。《世说新语》记人事,《水经注》写风景,精采生动,世无其匹。"(《关于散文的感想》,1988 年)

他还说,他的老师沈从文,受《世说新语》的影响很大。汪曾祺自己也是一样,连他特别喜欢的一句话"我与我周旋久,宁作我",也是出自其书。他在 1987 年接受采访时说:"桌上这些书是我经常翻的,《梦溪笔谈》《东京梦华录》《世说新语》,这其中记人的部分我都很喜欢,可当小说看。"

所以,若是用"世说体"来写一写这位可爱的老头儿,他一定不会反对吧?而且这也符合汪曾祺的写作理念:人生是由断片构成的,哪有什么完整的起承转合,要写生活,需要懂得留白,"寥寥数语,皆具风神"。

想来想去,觉得很兴奋,在想象中,这是一些用近似汪曾祺风格来写汪曾祺的文字。

《世说新语》有 1200 多则,我也给要写的这些事确定了一个数目:1000。

2019 年 12 月 31 日,我在自己的微信公众号"杨早讲史"上发出了这个预告:

> 2020 年是汪曾祺先生诞生 100 周年,"杨早讲史"打算搞个大动作来纪念一下。
>
> 这个动作叫作"关于汪曾祺,你需要知道的 1000 件事"。简称"千汪事"。
>
> 以汪曾祺的生平、经历,来贯通从 1919 年到 1997 年这一个世纪,1000 件事,不一定全是汪曾祺的事,但一定与他的周边、他的时代有关——还是在"讲史"。帮你更好地读透汪曾祺,以及他的时代。
>
> 一个人出了名,真假传闻必多。我虽自认严谨,尚称博闻,但独饮不欢,孤掌难鸣,我要邀请两位汪曾祺研究的大咖,《汪曾祺全集》分卷主编徐强、李建新,帮我找事、把关。
>
> 事件的排列,大致依据生平时间线索,但也不一定。
>
> 感谢阅读汪曾祺带来的趣味和温情,这个大动作,纯粹为了纪念这一点。

徐强兄、建新兄对汪曾祺作品、行状、思想都比我熟得多。他们两位能够出手,这本书的质量便有了保障。徐强兄并且给了此书一个定位:"'千汪事'在年谱传记之外,独辟'条陈撮述体'叙史新体例。"这话应该放在腰封或封底。

接下来就是厚厚的 2020 年,"千汪事"变成了一股潜流,在封闭与隔离之下、恐慌与烦闷之中、忙碌与纷乱之间,它总算在有条不紊地推进着。这当然要感谢徐强、建新二位的配合与宽容,还要感谢他们的积累,足以保证这个大动作不致流产。同时要特别感谢我的研究生王朴微,他在疫情期间枯守家中,承担了微信公众号更新的任务,排版、找图,再与各位作者讨论润色。每逢周二、周五,往往是他催我,我再去催徐强或建新。范范则是每周刷存在感,动之以软语,晓之以红包。不管怎样,这本小书,总算是按期完成了。

本书写作分工如次:

杨早负责撰写 1920—1939 年(高邮)、1946—1949 年(上海/北平)、1977—1983 年(北京)诸条目;

徐强负责撰写 1936—1946 年(昆明)、1962—1976 年(北京)、1991—1997 年(北京)诸条目;

李建新负责撰写 1949—1962 年(北京/张家口)、1984—1990 年诸条目;

由杨早负责统稿。

书中的"1000 事"主要以时间为序,根据事件的相关性个别处稍有调整。

2020 年,我们已经谈论了太多的汪曾祺。可是,"以汪曾祺的生平、经历,来贯通从 1919 年到 1997 年这一个世纪",这个目标,又完成了几何呢?我不敢说。建新说,这位作家虽然只留下了 200 多万字，但细抠的话，可以一直做到我们退休。我知道有人会嫌这话，好像把汪曾祺看得太高太重要了，其实不然，通过一位作家窥见他一生经历的人事，进而体悟一个时代的"风神"，这样的入口，并不好找。碰上了，就不该错过。

杨早

作于京东豆各庄

目录
Contents

高邮少年

昆明七载

71 — 321

从《羊舍一夕》到《沙家浜》

510 — 654

出了一趟国以后

858 —— 1058

少年　高邮

1—70

苏北小城的大户人家

1　1920 年 3 月 5 日（农历正月十五），汪曾祺出生于中华民国江苏省淮扬道高邮县科甲巷汪宅。

2　如果高邮名人有个排行榜，汪曾祺未必能进前三。帝尧（尧舜那个尧）；苏门四学士之一，传说娶了苏小妹的秦观秦少游；引清兵入关，绞杀南明末帝永历的吴三桂：这些人都有可能排在汪曾祺前面。

3　高邮还曾经是秦始皇孙子子婴的封地。高邮最重要的文化人物是清代朴学大师王念孙、王引之父子。至于待过、路过高邮留下诗篇的名人就更多了:苏东坡、金兀术、文天祥、康熙、乾隆……谁让高邮是大运河的枢纽之一呢!

4　高邮之得名,就是因为秦置邮亭于此,亭在高台之上,故称高邮。写《聊斋志异》的蒲松龄在这儿待过五个月,主理驿站公文。

5　高邮汪家,来自安徽歙县。汪曾祺后来成名,回歙县去寻过根,发现皖南一带,姓汪的真多。

6　汪家很大。汪曾祺说有多少平方米他不知道,就知道两条巷子夹着前后门,一条围墙,开了9家店:豆腐店、南货店、烧饼店、药店、烟店、糕店、棉席店、布店、剃头店。县志资料说,这处房子面积367.5平方米,有24间半房。汪曾祺父亲名下的房产有26处,这里是其中之一。

7　汪曾祺的祖父汪嘉勋是清末拔贡,就是高级的秀才。他有两三千亩田,两家药店,一家布店。祖父又是眼科医生,看病免费;爱吃咸鸭蛋、爱喝酒,一个咸鸭蛋能喝两顿酒。

8　汪曾祺的生日是元宵节,他父亲的生日是重阳节。他父亲在南京上中学时喜欢运动,足球踢后卫,撑竿跳在江苏省运动会上拿过冠军。他是一个全才,会看眼科,会演奏近十种乐器,绘画、书法、篆刻皆通,做风筝也是好手。父亲对汪曾祺影响非常大。

9 　汪曾祺的大伯父养了十几只猫。猫也是有品的,最名贵的叫"玳瑁猫",有白、黄、黑三色,还有"铁棒打三桃""雪里拖枪""乌云盖雪"各种名目。汪曾祺从小跟着大伯父养猫。后来自己虽然不养,对猫却很有好感。

10 　汪曾祺的二伯父是革命元勋黄兴的迷弟。他在南京读中学,历史课上,因为教员言语对黄兴不恭,他上去就打了教员一个嘴巴。后来从南京回家过暑假,路过镇江,被挑夫敲竹杠要高价,他一气之下背上行李自己走,没走几步,吐血而亡。

11 　二伯父生前无子,二伯母喜欢汪曾祺,族里就把汪曾祺过继给了她。二伯母孙氏,就是后来《晚饭花·珠子灯》中孙淑芸的原型。小说里的王常生,就是二伯父汪长生。

12 　汪曾祺没当过和尚,但在道观、寺庙里寄名,法号叫"海螯"。他从小就长得黑,到自家开的药店里去,管事和伙计都叫他"黑少"。

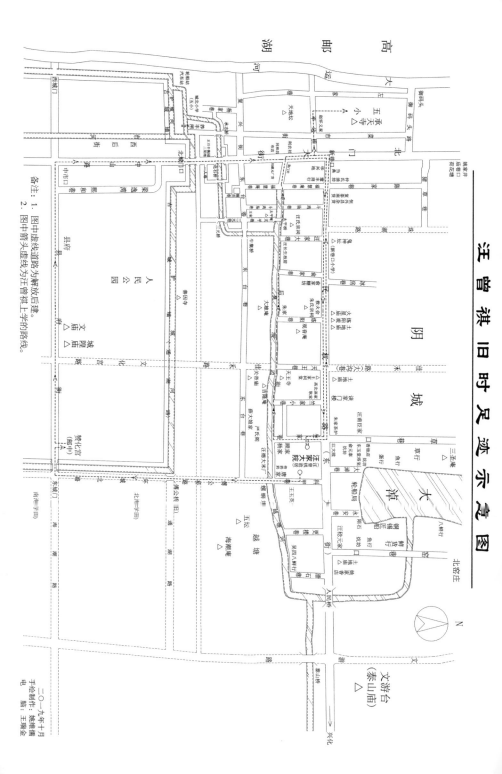

汪曾祺旧时足迹示意图

三岁母亲就去世了

13　　1923 年，汪曾祺三岁。这年高邮城里有两次罢工，一次是花炮业，一次是碾米业，引起震动。（请想想《岁寒三友》《八千岁》。）这一年，高邮县立初级中学复办。扬州地区开始实行"新学制"，小学统一用白话文教材授课，这是五四运动最大的成果之一。这一年，汪曾祺的母亲病逝。

14　　汪曾祺的母亲杨氏在汪曾祺三岁时就病逝了。因为是肺病，她独自移住一间小房里，也不准别人抱着汪曾祺去看她。汪曾祺只记得跟着父亲，陪母亲到外地看病，坐船。父亲在船头钓鱼，船里挂了很多大头菜。母亲的味道,在汪曾祺记忆里,就是大头菜的味道。

15　汪曾祺父母感情很好。母亲去世后,父亲给她糊了几箱衣裳,单夹皮棉,四时不缺。据说皮衣糊得极度仿真,不只能分出羊皮、黄鼠狼皮,还能分出滩羊、灰鼠的品种。用了各种花纸,剩下的,就给汪曾祺姐弟做手工用。

16　汪曾祺五岁进了县立第五小学幼稚园,是第一届学生。他进幼稚园的时候,还给母亲戴着孝。幼稚园唯一的老师王文英特别怜爱汪曾祺。70 年后,汪曾祺专门写了一篇《师恩母爱》怀念王老师。

17　也是这一年,汪曾祺的父亲续娶张氏。新房里挂了两幅字画,都"不成体统"。一是亡妻堂兄杨遵义(即《鲍团长》里的杨宜之)送的对联"蝶欲试花犹护粉,莺初学啭尚羞簧";一是善因寺方丈铁桥(就是《受戒》里写的石桥,1946 年高邮解放后被枪毙)画的"桃花双燕"。汪曾祺后来说:我父亲年轻时的朋友都有些放诞不羁。

18　1927 年 5 月 29 日,国民党北伐军与孙传芳联军在高邮打了一仗。汪家一家人躲进了设在炼阳观的红十字会(类似场景参见叶圣陶《潘先生在难中》)。带了一坛炒米,一坛焦屑,这是那时的方便食品。七岁的汪曾祺晚上爬到吕祖楼上,看远处双方交战的枪炮火光一阵阵地亮着,有点紧张,也觉得好玩,困了就睡在道士诵经的蒲团上。小孩子不懂危险,"这实在是我小时候度过的一个浪漫主义的夜晚",第二天就回家了。

19 1927 年夏天,汪曾祺从幼稚园毕业。照毕业照时,唯一的一匹木马让汪曾祺骑着,老师对他的宠爱可见一斑。

20 接下来就是进高邮县立第五小学。这所小学成立九年了,全校只有六个班。学校隔壁是承天寺,573 年前,张士诚在这里称王,国号大周。汪曾祺后来说"敝乡于二百六十年之间出过两位皇上",一个是在高邮称王的泰州人张士诚,一个是祖籍高邮的东北人吴三桂。(张士诚称王于 1354 年,吴三桂称帝于 1678 年,实相距 324 年。)

21 小学一年级国语课选了一首《咏雪》:"一片一片又一片,两片三片四五片。七片八片九十片,飞入芦花都不见。"汪曾祺从诗中感受到了"美",他后来甚至将自己写散文、小说所用的方法,都归结于从"飞入芦花都不见"悟出来的。张国良口述苏州评话《三顾茅庐》,也有这首诗,说是刘关张雪天访孔明时联句。实际诗作者不详,有郑板桥、纪晓岚等说。此诗简而美,非常适合小学生诵读体会。

22 五小的音乐教师夏普天是高邮最早的共产党员之一,也是当时地下党组织的负责人。但是汪曾祺只记得他是老师中很少的西装分子,另外就是夏普天在教课之外,帮人画炭笔肖像挣钱。汪曾祺小学毕业后,夏普天就被捕了。他是败落的大族子弟。现在五小后身城北实验小学,还有一角是夏家花园遗址。

23　汪曾祺有过许多一年级小学生共同的尴尬经历:大便拉在裤子里了。还正好是冬天。汪曾祺兜着一屁股屎,一扭一扭地回家。继母张氏一闻,二话没说,烧水,洗屁股,把孩子放进棉被里坐着,接着洗衬裤刷棉裤,"她不但没有说我一句,连眉头都没有皱一下"。这里有继母对继子的爱,但倘是亲妈,反而会说两句? 小孩子很敏感,这种场景会记一辈子。

24　二年级国文课本里有一则谜语:远观山有色,近听水无声;春去花还在,人来鸟不惊。谜底是"画"。汪曾祺觉得"这对培养儿童的想象力是有好处的"。即使不是谜语,这也是一首好诗。

25　汪曾祺不是过继给了二伯母吗? 二伯母病了,很重。外婆半夜将汪曾祺带到城隍庙,去"借寿",求城隍老爷将孩子的寿借十年给二伯母。两天后,二伯母病故。汪曾祺履行孝子职责,印象最深的是逢七,头七、二七、三七……他和堂弟曾炜各搬一个小板凳坐在灵堂里,陪着送鬼魂回来的鬼差吃饭。一碟白肉,一碟豆腐,两杯淡酒,两个小孩子坐在板凳上。

26　　1929 年,汪曾祺上三年级,高邮闹蝗灾。蝗虫遮天蔽日,学校里也遍地是蝗虫。小学生们捉住蝗虫,用两块砖头当作磨子,把蝗虫磨得稀烂,"蝗虫太可恶了!"

27　　汪曾祺上完三年级,因为成绩好,跳了一级。这下坏了,本来各科成绩都好,跳级后只有语文成绩还是好,数学成绩掉队了。

大洪水来了

28 1931 年,洪水来了。8 月 26 日,运河堤多处决口,仅挡军楼一处就死伤、失踪 1 万多人。泰山庙附近捞尸 2000 多具。这是一场全国性的大洪灾,中国受灾国土达四分之三,受灾人口 2520 万人,相当于当时美国农民总数。高邮所属里下河地区是灾区中的重灾区,受灾民众约 350 万人,逃荒人数 140 多万。西方评论认为这是 20 世纪最严重的自然灾害之一。丁玲的《水》等名著反映了这次水灾的惨况。

29 水灾期间,汪曾祺一家住进汪宅旁边竺家巷一家茶馆的楼上,挨到一星期后水退才回家。是年粮食绝收。汪家虽然不至于挨饿,却老是吃茨菇汤、芋头梗子汤,而且茨菇不去嘴子,很难吃。此后三四十年,汪曾祺一直不爱茨菇。直到 1982 年去沈从文家拜年,吃了一次张兆和做的茨菇,才重新对茨菇有了感情。

30　江苏水灾义赈会在《申报》上刊登了题为《救命! 救命!! 救命!!!》的启事。美国传教士何伯葵发起成立了上海华洋义赈会,发放面粉 2000 吨,资金来源是一位匿名者捐出的 20 万元。汪曾祺的父亲汪菊生每天出去参与救灾赈灾,拿一根很粗的竹篙,既可以撑船,需要泅水时也能当救生圈用,往边远的四乡八村送义赈会发放的面饼,救活了很多人。

31　秋季开学,汪曾祺升入六年级。不能忘怀刚刚经历的洪灾,他在国文课上写了一篇作文,题目是《高邮运堤决口后的感想》,国文老师高北溟评为"情感真挚、层次分明、语言流畅的好文章",张贴在布告栏里。终其一生,汪曾祺念念不忘故乡的水患。

32　六年级,教国文的是张敬斋。他教得最好的是《老残游记》,讲到"四面荷花三面柳,一城山色半城湖",让汪曾祺对济南异常向往。可能是因为太爱黑妞白妞说书了,张老师对书中提到一个发议论的少年人"湖南口音"非常不满,说"为什么是湖南口音呢","湖南话很蛮,俗说是湖南骡子",一通地图炮,汪曾祺一直记得。

33   汪曾祺小学毕业那个暑假,父亲在茶馆吃早茶,以读《易经》与算卦著称的名医张仲陶大赞《史记》如何如何好,尤其是《项羽本纪》怎样怎样生动。汪菊生灵机一动,把汪曾祺领到张仲陶家中,专门跟张学《项羽本纪》。张仲陶在自己与汪曾祺面前各放一本《史记》,但不看书,微闭着眼睛,背诵一段,讲一段。张仲陶的声音本来低哑,只有背诵《史记》时,声音是琅琅的。

34   汪曾祺上了高邮县立初中,教小学五年级国文的高北溟也从五小调到了初中,又接着教汪曾祺初一、初二的国文。高北溟在课本之外,自选讲义,选归有光的文章特多。他讲归有光,让汪曾祺体会到归有光"善于描写妇女和孩子的情态,尊重妇女儿童",这一点深深影响了汪曾祺。如果你不是汪曾祺,当高北溟的学生可能会比较痛苦,背不出古文,高老师会打学生。挨过打的学生很多。

35   初二代数老师王仁伟,贫穷,辛劳,多疑,易怒。虽然汪曾祺代数不好,但王仁伟很喜欢汪曾祺。有一次汪曾祺病了,几天没去上学。王仁伟问与汪曾祺同班的堂哥汪曾浚:"汪曾祺的病怎么样了?"堂哥回答:"他死不了。"王先生大怒:"你死了我也不问!"

36   街上有个卖画的画师,叫张长之,才二十多岁。没学过画,看别人画画,看会了,敢开店。他什么都画,不中不西,用色鲜明。给人写信，从不贴邮票，自己在信封上画一张，一样能寄。有一次画了一张画，一棵芭蕉，一只五彩大公鸡，挂在墙上。汪曾祺回忆说：这画没人买——谁会在家里挂一张"鸡芭图"？

37 这一年祖父教汪曾祺做八股文——都民国二十二年了。祖父说，如果在清朝，自己这孙儿可以中一个秀才。为此，祖父赏给汪曾祺一方紫色的端砚，好几本名贵的原拓字帖。这一年汪曾祺的祖父七十大寿。地方送给他的寿序里，写上了他儿子汪菊生在前年水灾中划船救人的事迹。

38 1934 年，中华书局出版了江苏省教育厅编审室主任易君左著《闲话扬州》一书，书中涉及批评扬州陋习，引起扬州人尤其是女性大反感，组织了"扬州人民追究易君左法律责任代表团"，将易君左与中华书局告到江苏地方法院。易的上司周佛海出面，多方斡旋，还请出了陈果夫，最终易君左道歉、辞职，中华书局向扬州赠送价值 2500元的图书，并封禁《闲话扬州》。扬州人一时名震全国。连扬州人朱自清写了篇《说扬州》，收入文集时也被商务印书馆拒绝，怕再起风波。

39 汪曾祺数学不好，数学老师却都爱汪曾祺。初三几何老师顾调笙，很是器重汪曾祺，一心培养他进自己的母校中央大学，而且要学建筑，将来当建筑师。无奈汪曾祺虽然画画常常被美术老师当作范本,但几何总是学不好,顾老师白费许多心血,最后叹一口气说:你的几何,是桐城派几何。

40 1935 年,高邮县政府资金异常困难。8 月,3000 余名挑土民工领不到水利费,口粮不继,拥进县府讨债,官员逃散一空。12 月,70 多名教师到县府索薪,讨回两月薪金,仍被克扣四分之一。

41 汪曾祺初中已经会唱、爱唱京戏,主攻青衣。旁人说他嗓子很好,高亮甜润。他在家里唱,父亲汪菊生给他拉胡琴。学校开同乐会,父亲也去给他伴奏,陪几个孩子玩了一下午,还挺高兴。汪曾祺离乡后,对面炕房的小伙计阎世俊,比汪曾祺小 5 岁,爱唱京戏,汪菊生也给他拉过胡琴。2019 年有人采访阎世俊,他说:"汪菊生,好人!"

高中正是初恋时

42　1935 年夏天,汪菊生陪同汪曾祺去考江阴的高中。乘坐的小轮船上,一名新来的侦缉队员以检查为名,勒索钱财,被汪菊生一掌打了一溜跟头,从船上退过跳板,一屁股坐在码头上。汪菊生学过武功。

43　汪曾祺考上了江阴南菁中学。考前住在小栈房,次早醒来,汪曾祺看见席子上有好多好多蜡烛油。父亲一夜未睡,点一支蜡烛,见到有臭虫,就用蜡烛油滴在它身上,不让臭虫骚扰儿子睡觉。民国小旅店臭虫之多之扰人,可参见艾芜《南行记》。

44 南菁中学源自 1882 年创立的南菁书院,是江苏省最好的中学之一,学校面积约 37 亩(25000 平方米),校门前有 20 亩农场,还有校产 2 万亩。学生 648 人,教职员 35 人。

45 汪曾祺读南菁中学高中部,每年要交学费 36 元、膳费 46 元、宿费 10 元、讲义费 4 元、图书馆费 2 元、体育费 2 元。共计 100 元,可以买 2500 斤米。

46 南菁中学数理化、英文教学全省闻名,但轻视文史。汪曾祺就很头疼高一、高二的英文课本太深:除了兰姆的散文,还有《为什么经典是经典》这样难懂的论文,还有一课是《恺撒大帝》里恺撒遇刺后安东尼在尸体前的演讲。此外,还要背扬州中学编的单页《英文背诵》500 页。

47 汪曾祺晚年写过《悔不当初》,交代自己为啥中学英语学不好,一是初中基础差,二是不用功,三是甩锅给教英文的吴锦棠先生。吴老师每个年级用的都是同样的考题,答案当然在学生中代代相传,而且吴老师特别宽松,背一段课文写上去,哪怕所答非所问,也给分。

48 两年高中生活,汪曾祺过得蛮写意。尤其星期天,可以到街上买东西,吃一碗脆鳝面或辣油面,几个猪油青韭馅饼,挑一两本便宜书,下午躺床上吃粉盐豆,喝白开水,读李清照、辛弃疾词。三角函数、化学分子式和考试、分数……置之脑后。唯一遗憾终生的是,江阴河豚名闻天下,高中两年,竟没有吃到。

49 高一升高二那年,国民政府通过《暑期军训办法》,规定中学生军训考核纳入会考成绩。没有参加军训,或军训成绩不合格的毕业生,不得升入高中或大学。汪曾祺回忆,当时学生对这条规定并不反感,因为学校、报纸天天在喊"国难当头",学生中的救国意识相当浓厚。

50 1936 年,汪曾祺的继母,给他洗屎裤子的张氏娘因肺炎离世。这一年年底,爆发了震惊中外的西安事变。

51 高一暑假,汪曾祺去镇江参加了三个月的军事训练。这里会集了苏州、扬州、无锡、常州、江阴各地高一学生。汪曾祺在这里认识了扬州中学的巫宁坤(《了不起的盖茨比》译者),后来在西南联大,在北京,他俩多次重逢。

52 同训中还有一位名人:蒋介石的次子蒋纬国(一般认为非蒋亲生子,是戴季陶的儿子,他自己晚年也承认)。他当时在东吴大学念一年级。每到星期六下午,听见政治处秘书叫"二少爷!二少爷",就是南京来长途电话,或是接他回南京的车到了。

53　集训除了军事训练,还有党国要人的演讲。比如叶楚伧讲"中国国民党是中国青年的党,中国青年是中国国民党的青年",周佛海讲"信仰领袖要信仰到迷信的地步,服从领袖要服从到盲从的地步",等等。

54　集训将结束时,所有学生调集南京,接受蒋介石训话。蒋介石穿着草绿色毛料军服,马刺是金色的。他的训话,就是将国民党党歌像国文课一样从头至尾讲一遍。每讲一段,就用一个很大的玻璃杯喝一大杯水。下面的学生嘀咕,猜玻璃杯里盛的是参汤,不然训话训不完。

55　军训回来上高二。军事教官把汪曾祺等几名同学召集到家里,成立了一个复兴社小组,汪曾祺当了组长。复兴社全称是"中华民族复兴社",相当于蒋介石的党卫军,又称为"蓝衣社"。社长是蒋介石本人,重点发展"全国文武青年之精英"。但是汪曾祺不关心政治,连每月必须完成的"可疑人物"都提不出来,只好写上了南菁中学校长的名字。这件事导致汪曾祺1950年从中国人民解放军退伍,转入地方工作。

56　政治上没什么进步,汪曾祺初恋了。对象是同班同学夏素芬。有一天早上同学们一进教室,看见一黑板的情诗,旧体诗。同学们面对这种表白，可能有一点愣。大家看了一阵，汪曾祺自己把黑板擦了。另一位女同学章紫后来回忆说，当时汪曾祺成绩不好，人也不帅，性格也不活跃，而且是苏北人，江阴本地同学有点瞧不上他，"但还是有才华"，意思是光有才华有啥用。

57　对于初恋，汪曾祺从未详细回忆过，只在说到各地水果哪家强时，突然说到江阴的水果店："我后来到过很多地方，走进过很多水果店，都没有这家水果店的浓厚的果香。这家水果店的香味使我常常想起，永远不忘。那年我正在恋爱，初恋。"对了，还有一句"难忘缴墩看梅花遇雨，携手泥涂；君山偶遇，遂成离别"，透露出当时的一点故事消息。20 世纪 80 年代中期，汪曾祺到江阴参加笔会，据说两人还通过电话，未能登门。

58　初恋未果，父亲倒是又要结婚了。他写信给汪曾祺姐弟，让他俩去邵伯参加婚礼，因为新娘是邵伯大地主家的女儿，有庄园，有壕沟吊桥那种。姐弟俩乘船到了码头，新娘家派长工推着独轮车来接，一边坐一人。

59　暑假回家。父亲新娶的任氏很客气，叫汪曾祺"大少爷"，一直到 40 多年后才改称"曾祺"。汪曾祺在家给夏素芬同学写情书，父亲就在一边瞎出主意。真是"多年父子成兄弟"。

60　　汪曾祺高三没法回江阴上了,"遂成离别"。因为1937年暑假,日军攻占江阴。汪曾祺只能在家自学。高邮也岌岌可危,风声紧急的时候,祖父、父亲会带着子女到乡下的庵赵庄避难。叫庵赵庄,是因为那里有一座菩提庵。多年之后,这座庵被写进小说《受戒》。

战乱中离开了故乡

61　高邮这座小城里，没有什么新文学的书。汪曾祺反反复复看的，只有两本书，两本书反反复复看了两年。一本是屠格涅夫的《猎人日记》，一本是《沈从文小说选》——这是上海一家野鸡书店出的盗版，沈从文自己编的正版叫《从文小说习作选》。

62　父亲汪菊生看汪曾祺反反复复看那两本书，就也拿过去看。看完问汪曾祺："这也是小说吗？"他心目中的小说都是《三国演义》《水浒传》《红楼梦》那样的。类似的问题，鲁迅母亲看到《呐喊》时问过，赵树理父亲看到《阿 Q 正传》时也问过。

63　汪曾祺之前也读过林琴南、张恨水、郁达夫、巴金，但屠格涅夫和沈从文让他发现：哦，原来小说可以是这样的，是写这样一些人和事，是可以这样写的。屠格涅夫是外国人，而且已经死了 54 年，沈从文呢？他在北京，还是上海？

64　1938 年 6 月、7 月，日军飞机连续轰炸高邮。8 月，日军又炸开了苏北运河大堤，高邮再次变成一片泽国。驻扬州的日军往北面打，中国守军反击，两军在高邮、宝应一带形成僵持局面。

65　这年夏末，姐姐汪巧纹师范毕业后远赴重庆考大学，是她违抗父命的结果。汪曾祺送姐姐到大运河边乘船。这条路，明年汪曾祺也要走。

66　1938 年，汪曾祺在淮安中学、私立扬州中学、盐城临时中学等校辗转借读。他学会了抽烟、喝酒。父亲也不管他，喝酒时给他倒一杯，抽烟时一人一根，还给他点上火。"父子多年成兄弟"，这句话也是父亲说的。

67　1939 年 3 月，西南联大在昆明等地开学。6 月，沈从文被聘为西南联大师范学院国文系副教授。

68   1939 年 10 月，日军攻陷高邮，一月内五次屠杀、奸掠四乡。
国民党高邮县党部、县政府撤逃至农村。城内成立汪伪政权高邮县
党部。新四军苏皖支队进入扬州地区。

69   这年夏天，汪曾祺已经到了上海，会合了几位同学，准备去
云南考大学。他下这个决心，跟姐姐汪巧纹的来信有关。汪巧纹从
重庆给汪曾祺寄回一封信，嘱咐他要考大学。可能正是这封信，决定
了汪曾祺终生从文之路。

70   当时从上海去云南，内陆的路已经不通，最可行的通道是从
上海坐船，经香港、河内，再转乘火车到昆明。进出越南，需要法国领
事馆签证。汪曾祺出来晚了，到上海后签证还没办妥。托同乡朱奎
元的父亲，求到了法租界华人督察长黄金荣的一张名片，才加急办好
了签证。买船票也是银行界的亲戚帮忙。

71—321

昆明
七载

考上了西南联大

71　　汪曾祺赴昆明,以海路为主:从上海乘船,经广州、香港,到越南海防,再乘火车到昆明。几个人一起乘船经香港到越南河内,再转乘火车,经滇越铁路到昆明。从上海到昆明,一共走了半个多月。

72　　汪曾祺想报考的西南联合大学,1938 年刚刚成立。此前南迁的北京大学、清华大学、南开大学,先以"国立长沙临时大学"之名在长沙办学数月,华中局势恶化后,再南迁昆明。西南联合大学纪念碑碑文记载:"临时大学又奉命迁云南,师生徒步经贵州,于二十七年四月二十六日抵昆明,旋奉命改名为国立西南联合大学。"

73　西南联合大学纪念碑碑文中记载的,实际只是联大南迁三条路线之一,即被称为"现代教育史上的长征"的"湘黔滇旅行团",师生共 336 人。另外还有两条路线:一条是乘汽车,经广西、贵州到云南;另一条是坐火车到广州,换海船经香港、北部湾到越南海防,再乘滇越铁路火车到昆明。最后这条路线最经济安全,选这条路的人数也是最多的。汪曾祺入滇的路线与此大体相同。

74　汪曾祺赴昆明的同行者,目前所知有两人。一个是朱奎元,高邮菱塘镇人。战前毕业于高邮中学,入读上海同济大学机械系,后随学校迁昆明。另一个是与汪曾祺一起在南菁中学读过书的表弟董受申,他考上了西南联大理学院物理系的试读生。

75　在从香港到越南的轮船上,汪曾祺结识了一个带孩子的广东籍陈姓妇女,年过而立,风姿很美。她的孩子很喜欢和汪曾祺玩。后来在昆明期间,汪曾祺有次应邀到陈家做客,陈女士所养的一只小白猫卧在墨绿垫子上,给汪曾祺留下了极为深刻的印象。汪曾祺说自己不善画猫,晚年却不止一次画过墨绿缎垫上的"昆明猫",并赋诗记之,有句云"四十三年一梦中,美人黄土已成空"。

76　刚到昆明时,汪曾祺曾去拜访高邮老乡、西南联合大学古生物学教授孙云铸。《联大八年》所附"教授介绍"这样介绍孙云铸:

"孙先生为人颇不拘谨,烟卷不离口,西服,但爱穿浅口带绊(襻)子的本地敝鞋,粗墨玳瑁眼镜。没事的时候遇到孙先生,往往昂首而过,仿佛根本没有看见;但如有事,即使你坐在破茶馆的角落里,孙先生也会把你找得出来。立身处世之道有三,曰:能吃,能睡,能玩,对于吃尤其特别感兴趣,无论上课讲演很少不提及吃饭的。"

77　　汪曾祺到昆明后的第一个住处,是青莲街的同济大学附中。青莲街在翠湖东门外,东可上五华山。街北是卢汉公馆,街南属于翠湖宾馆。汪曾祺当年所住的中学宿舍可能在现在的翠湖宾馆内。汪曾祺晚年曾回忆:"青莲街是一个相当陡的坡,原来铺的是麻石板;急雨时雨水从五华山奔泻而下,经陡坡注入翠湖,水流石上,哗哗作响,很有气势。"

78　　众所周知,汪曾祺投考西南联大是冲着沈从文去的。不过,沈从文进入联大,比汪曾祺入学时间早不了多少。沈从文于 1938 年春天到达昆明,先协助杨振声编辑教科书,1939 年 6 月 27 日受聘于联大。汪曾祺 7 月初报考联大,此时沈从文任教联大还不足一个月。

79　　19 岁的汪曾祺离开高邮,也不敢想必定能考上西南联大。如果考不取联大,他准备考当时也在昆明的国立艺专。国立艺专由国立杭州艺专、国立北平艺专合并成立,南迁昆明,是当时中国艺术领域最高学府。如果汪曾祺念了艺专,成为画家,对他来说是件好事吗?

西南联大校门

80 汪曾祺自幼常发疟疾,在越南再次感染,到昆明几天后即发病入院,高烧 40℃。护士怕他烧坏挺不住,为他注射了强心针。汪曾祺问护士:"要不要写遗书?"化验确诊后,护士又给汪曾祺注射了"606"——该药又称"砷凡纳明",一般人只知道是抗梅毒药(参见老舍《开市大吉》),吓得汪曾祺连忙辩称自己"没有梅毒"——他不知道,"606"也是治疗恶性疟疾的特效药。疟疾在当时是比较严重的传染疾病。幸好发高烧的汪曾祺没有被强制隔离 14 天,第二天就是西南联大的入学考试。

81　汪曾祺疟疾未愈，属于带病参加高考。据他自己回忆，当天喝了一肚子蛋花汤，晕晕乎乎地进了考场。

82　1939 年的高考与此前不同，系由教育部组织国立院校统一招生考试，今天的说法叫"联考"，这样大学和考生的成本都比较低。昆明考区的考场设在云南大学。明清时期云南的乡试场所，即云南贡院，原址正在云大校内。

83　1939 年度联考文史法商组的必试科目有：公民、国文、英文、本国史地、数学丙（代数、平面几何、三角）、外国史地；选试科目有：物理、化学（任选其一）、生物。汪曾祺带了物理、化学教科书，但选考了哪科，他没说。

84　国文考题有三道：一、文言翻译为语体（《礼记·礼运》第一节）；二、语体翻译为文言（"蒋委员长之演说辞"）；三、作文（《建国信仰与救国主义为精神总动员之基本条件》）。好想知道一辈子写不来应用文的汪曾祺是怎么写后两题的。

85　英文考试中，有一道汉译英题目，是一段日记，其中有"我刷了牙，刮了脸……"，汪曾祺不知道"刮脸"怎么翻译，乃译为"把胡子弄掉"——某种意义上，作家就是会变着法子说话的人。汪曾祺也有这种天赋。不知道他后来有没有学会 shave 这个词。

86　　汪曾祺大学同班同学,按照入学花名册,报到者有 19 人,包括正取生 15 人,试读生(多有华侨背景)4 人。女生共有 5 人。年龄最大的是 33 岁的试读生施真(女),最小的 17 岁。当然后来因为转出转入,班级成员常有变化。同学中日后成为著名语言学家的有李荣、朱德熙,文字学家有梁东汉,作家和编辑家有刘北汜。

87　　同样在 1939 年,在马来亚长大的福建长乐籍考生施松卿考入西南联大物理系。在联大的新生花名册上,汪曾祺的年龄为 20 岁(采虚岁),施松卿的年龄为 19 岁,但事实上,施松卿生于 1918 年 3 月 15 日,比汪曾祺大两岁。

88　　入学两个月后,汪曾祺在联大意外地见到了巫宁坤。他俩高一在镇江军训时认识,已有三年不见。巫宁坤比汪曾祺晚到昆明两个多月,考取了外文系。镇江结识的另一好友赵全章,也考到外文系。从此三人常常同进同出。汪曾祺后来不止一次写到自己泡茶馆写小说,陪在他身边的多半是这两位好友。

流亡大学

89   汪曾祺入学之后，大半年间联大没有电可用。1940 年 3 月
30 日，西南联大新校舍才开始安装电灯。

90   入学后头两年，汪曾祺主要住在新校舍学生宿舍 25 号。新
校舍是赶建起来的，1939 年下半年投入使用，虽然是土坯平房，但设
计者是建筑大师梁思成、林徽因夫妇。汪曾祺这样描述它："土墼墙，
草顶。两头各有门。窗户是在墙上留出方洞，直插着几根带皮的树
棍。空气是很流通的，因为没有人爱在窗洞上糊纸，当然更没有玻
璃。昆明气候温和，冬天从窗洞吹进一点风，也不要紧。"

91 西南联大学生宿舍是大统间,每间 20 张双层木床,可住 40 人。有些学生把三张床拼成一个 U 字,外面挂上旧床单或钉上纸板,就成了一个独立天地。汪曾祺睡在靠门的上铺,下铺是一位历史系河南籍刘姓同学。《鸡毛》中写到两个同学住上下铺,"两个人合住了一年,彼此连面都没有见过:因为这二位的作息时间完全不同。中文系学生是个夜猫子,每晚在系图书馆夜读,天亮才回来;而历史系学生却是个早起早睡的正常的人"。这正是以自己的事实为原型。

92 西南联大学生宿舍管理松散,有些校外人员长期借住在此。同济大学学生、青年小说家曹卣就住在汪曾祺住的 25 号宿舍,整天趴在木箱上写小说,作品很早就在《文学》上发表。两人因此相识。

93 联大学生的膳食供应,是学生自组膳食委员会,每人每月交 15 元左右。按照 1940 年物价,每担米百元左右,联大的公米(向特定对象供应的平价米)价格在五六十元。米饭自然是糙米,掺有很多沙子甚至老鼠屎,被称作"八宝饭",每人可吃五六碗。八人一桌四小碗菜,饭没吃到一半菜就没了。

94 汪曾祺从念初中时起就喜欢京剧,常约同学带着胡琴到宿舍唱戏过瘾。住在他斜下铺的广东同学郑智绵非常讨厌京剧,汪曾祺一开口唱,他就骂道:"丢那妈,猫叫!"

西南联大校舍

95　郑智绵是电机系学生,他除了恨京剧,还有一点与众不同:从不跑警报。他像一般广东人那样爱吃甜食,每当大家仓皇地跑警报时,他就留下来用白瓷缸子煮冰糖莲子,因为这时候没人跟他抢开水炉子。

96　汪曾祺是"厉家班"的铁杆粉丝。厉家班是京剧教育家厉彦芝1936年于上海创办的京剧科班,抗战后辗转湘鄂黔滇,最后落脚于重庆。1940年昆明大戏院的一次义演中,联大中文系青年教师吴晓铃与厉家班的名角厉慧良合作《麒麟阁》,学界名家罗常培、许骏斋、全振寰纷纷受邀前来捧场。吴晓铃发现中文系学生汪曾祺也在观众席上。当然汪曾祺是自己买票来看戏的。

97 因为资源紧张,联大学生事事需"抢"。坊间流传联大"五抢"之说:早起抢洗脸水,抢图书馆位置,三餐抢粥饭。因此很多学生自命为"强盗"。有一学生每日哼唱自编的《木兰从军歌》:"太阳一起抢到夜,快把功夫练好它,强盗贼来都不怕……"

98 联大共有五处图书馆,其中师范学院有两处。书籍匮乏,不能外借,只能内阅。当班逾时不还者,要罚款、警告,三次则记过,被计入"信用记录",会扣除下个月的贷金。

99 只有教授可以借阅校内图书馆的藏书。从朱自清日记看,他常常利用的除了文科研究所图书室和联大图书馆,还包括昆华图书馆、云南大学图书馆、中法大学图书馆。

100 西南联大大图书馆是新校舍唯一一座瓦顶建筑,从早7点开到晚10点,中间两次闭门各一小时左右。座位总共不到500个,远不能满足2000多名在校生的需求。

101 每天一早,就有人等在图书馆门外"抢图书馆"——抢位置,也抢指定参考书。晚上10点半钟,图书馆的电灯还亮着,很多学生还不肯走。有人描绘学生破门而入的场景:"馆门一启,即蠢涌而入,有拉破长衫者,有跌倒在地者,有竟将职员柜台推翻者,联大学生常以此自豪,谓我辈读书须争先,绝不可后人,方显得精神。"

102　　联大大图书馆,汪曾祺只进去过几次。他说"这样正襟危坐,集体苦读,我实在受不了"。

103　　汪曾祺经常去的是中文系的小图书馆。他和几位同学手里有钥匙。系图书馆是开架的,要看什么书自己拿,不需要填卡片这些麻烦手续。汪曾祺差不多每夜去系图书馆看书,也没什么目的,也不系统,随心所欲地瞎看,到鸡叫才回宿舍睡觉。这时下铺那位刘同学已经到树林里背英文单词去了。

104　　汪曾祺自谓一生中去得最多的图书馆,是坐落在翠湖畔的云南省图书馆。这座图书馆前身是1909年创办的云南图书馆,建于清末的经正书院旧址,20世纪30年代更名为"云南省立昆华图书馆"。图书馆形似道观,安静整洁,种了好多白兰花。汪曾祺刚到昆明,就来这座公共图书馆看书,一直到他离开昆明,都是这里的常客。

105　　昆华图书馆的藏书室在楼上。楼板上挖出一个长方形的洞,从洞里用绳子吊下一个长方形的木盘。借书人开好借书单,管理员看一看,放在木盘里,一拽旁边的铃铛,"嘟嘟",木盘就从洞里吊上去了。不一会儿,上面拽一下铃铛,木盘又吊了下来——你要的书来了。汪曾祺说他从未在别的地方见过这种借书法。还有北京大学图书馆,是用轨道与滑车。

106 昆华图书馆有个管理员,干瘦而沉默,汪曾祺说他"有点像陈老莲画出来的古典的图书管理员"。他没有准确的上下班时间。有时他上午来晚了,开门走进阅览室,把墙上不走的挂钟时针"喀拉拉"拨到 8 点,就上班了,开始借书。两三个小时后,再把时针"喀拉拉"拨到 12 点,下班。其他读者有没有意见,不知道,汪曾祺自己全不在意,因为他看书没有目的,从《南诏国志》到福尔摩斯,逮着什么看什么,"到这里来只是享受一点安静。"

107 联大的布告栏是重要的舆论场所,或富于创意,或语出惊人。比如期考结束后,自助旅行团体贴张广告,有"壮士饥餐红烧肉,笑谈渴饮长湖水"之句,流传一时。

108 壁报上也曾有打油诗吐槽联大学生伙食:"米如珠,薪如桂,如何得了? 朝朝暮暮,暮暮朝朝,这般下去,恐将来人比黄花更苗条!"

109 汪曾祺小说《鸡毛》里的经济系四年级生金昌焕,外号

"二十年目睹之怪现状",其怪现状之一是"从来不买纸",他每天手持剪刀,在布告栏前裁剪新张贴布告的天头地脚作为演算用纸。不愧是学经济的。

110　　小说又写,金昌焕因为外文系的漂亮女生多看了他一眼,春心荡漾,连夜写一封情书并附带一枚大金戒指送去。次日发现,信和戒指被该女生钉在布告栏上。金昌焕也不脸红,一一收回。

111　　联大复员前夕,有人因故一时回不去,不免恓惶,就在布告栏上贴岑参的诗:"故园东望路漫漫,双袖龙钟泪不干。马上相逢无纸笔,凭君传语报平安。"见者动容。

选课与考试

112　大学一年级的汪曾祺修习的课程以公共课为主,计有:大一国文、逻辑(金岳霖)、中国通史、西洋通史(皮名举)、经济学概论(陈岱孙)、大一军事训练、大一体育(马约翰)。真正属于中国文学系的课程几乎没有。西南联大这种"重基础、宽口径"的通识教育,数十年后又被重拾。

113　"大一国文"的课本,对汪曾祺影响巨大,被他称作"走上文学道路的一本启蒙的书"。这本教科书的特点,一是古今选篇注重"非功利性的生活态度",汪曾祺称其为"京派语文";二是重视语体文。1942 年教育部筹划部编本《大一国文》,朱自清也是委员之一,但中央大学的复古倾向占据上风,选目排斥新文学。联大仍坚持原来的方针,1945 年出版的《语体文示范》反而增加了语体文的分量。"大一国文"选文中,汪曾祺尤其欣赏林徽因的作品,但据《朱自清日记》记载,浦江清曾激烈反对林徽因《窗子以外》入选。

114　"大一国文"的设计者是杨振声和朱自清。课堂教学分为"读本"和"作文",教授执教读本,有时还由两名教授分任古今两部分;作文一般由较低职称教员负责。按照课表,汪曾祺这一班的"读本"应由朱自清、沈从文合上。

115　大一国文"作文"课教师是陶光。他是清末名臣端方的孙子,1935 年毕业于清华大学中文系。陶光深受俞平伯、刘文典等教授器重,擅书,昆曲则得红豆馆主(溥侗)亲传,工冠生。他比汪曾祺大7 岁,汪曾祺后来写他"面白皙,风神朗朗","同时穿两件长衫","嗓子好,宽、圆、亮、足","气质上有点感伤主义"。陶光是沈从文姨妹张充和的追求者,1948 年迁台,1952 年穷愁倒毙于台北街头。

116　汪曾祺多次说道:"沈先生在联大开过三门课:各体文习作、创作实习和中国小说史。三门课我都选了。"按照课程表,沈从文在联大期间开(教)过至少八门课,其中必修课有大一国文、大二各体文习作(一)、各体文习作(二)、乙(语体),选修课有各体文习作

（三）、中国小说、中国小说史、现代中国文学、创作实习。这里面有三门是在汪曾祺离校之后开设的。经综合判断,汪曾祺在"大一国文"课上,即开始受教于沈从文。

117　　大一国文"读本"部分期末统一命题阅卷,试题之一是"读《示众》及《我所知道的康桥》所得印象的比较"。这简直像从前科举题里的"截搭题",对联里的"无情对"。鲁迅小说《示众》与徐志摩《我所知道的康桥》都入选了《大一国文》,但这两篇有什么好比较的呢? 求当年的试卷,想看。

118　　教汪曾祺"逻辑"课的,是现代中国最著名的逻辑学家金岳霖。金岳霖与世无争,以顽童心态从事乏味的逻辑研究,这一点似乎与汪曾祺很相投,难怪汪曾祺要专门为他写一篇《金岳霖先生》。其实,金岳霖早年在美国学的是政治学,相当于"入世"的学问,后来才转向逻辑哲学。金岳霖的思维方式相当抽象,他曾说自己一生的思维,没有在某件具体事物上停留过哪怕五分钟。与此相对,他的记忆力极差——从 30 岁起,他就常常忘记自己是谁。

119　　"西洋通史"的老师是皮名举先生,他有一句名言:"不学本国史不知道中国的伟大,不学西洋史又不知道中国的落后。"

120　　皮名举每年都让学生画历史地图。轮到汪曾祺这班,要求画的是"马其顿地图"。皮老师在汪曾祺的地图作业后批道:"阁下之地图美术价值甚高,科学价值全无。"第一学期期末,汪曾祺只得了 37 分。

121　　按要求,两学期平均要达到 60 分才算及格。下学期"西洋通史"考试时,汪曾祺左右各坐一位历史系同学,他左抄抄,右抄抄,最后通算,勉强及格——这很了不起,因为下学期至少要拿到 83 分才行,汪曾祺考了 85 分。据考证,被抄的两位大神,其中一个是钮钧义,后来任职扬州中学。他的弟弟钮经义也是联大学生,后来成为中国人工合成牛胰岛素项目的功臣之一。

122　　按照课表,汪曾祺这一班"中国通史"的任课教师应该是明史专家吴晗。吴晗在联大时期热衷于政治活动,新中国成立后曾任北京市副市长。不知道为什么,汪曾祺似乎从未在作品里提过吴晗。

123　　教大一体育的马约翰先生,是现代中国体育教育的先驱。汪曾祺描述他:"一年四季只穿一件衬衫,一件西服上衣,下身是一条猎裤,从不穿毛衣、大衣。面色红润,连光秃秃的头顶也红润,脑后一圈雪白的卷发。他上体育课不说中文,他的英语带北欧口音。"

124　　从不说中文的马约翰,上课时要求学生必须站直。他总是喊:"Boys! You must keep your body straight!"后面这句似乎是专门喊

给汪曾祺听的,因为他从年轻时就驼背,始终没有直起来。难怪后来
汪曾祺体育不及格,毕不了业。

125 　　刚上大学的汪曾祺什么模样?比汪曾祺高一级的外文系
学生、翻译家许渊冲回忆道:"我第一次见到汪曾祺是 1939 年在联大
新校舍 25 号门外。他给我的第一印象是一个典型的白面书生:清清
秀秀,斯斯文文,穿一件干干净净的蓝布长衫,给新校舍的黑色土墙
反衬得更加雅致,一看就知道是中国文学系才华横溢的未来作家。"

126 　　历史学家何兆武则在《上学记》里回忆:"我同宿舍里有位
同学,是后来有了名的作家,叫汪曾祺。他和我同级,年纪差不多,都
十八九岁,只能算是小青年,可那时候他头发留得很长,穿一件破旧
的蓝布长衫,扣子只扣两个,趿拉着一双布鞋不提后跟,经常说笑话,
还抽烟,很颓废的那种样子,完全是中国旧知识分子的派头。"

127 　　汪曾祺入学时,担任西南联大中国文学系系主任的,是同
为扬州人的清华教授朱自清。不久朱自清请辞,1939 年 11 月,北大
教授、音韵学家罗常培接任。罗常培执掌联大中文系长达 5 年,是任
职最久的系主任。

128 　　汪曾祺同年级中,学号 1188 的新生有感于新文学课程太
少,在新生意见表里填上"爱读新文学,讨厌旧文学、老古董"。这位

1944 年，欢送罗常培赴美考察，（左起）朱自清、罗庸、罗常培、闻一多、王力在昆明大普吉镇合影

新生是汪曾祺的同班同学刘北汜，来自吉林延边。也许是因为一直不满意中文系的课程，二年级时刘北汜转去了历史系。

129 　就任中文系主任不久的罗常培，在全体师生参加的迎新茶话会上，针对刘北汜的意见，严厉指出："中国文学系，就是研究中国语言文字、中国古代文学的系。爱读新文学，就不该读中文系！"这是目前所知"中文系不培养作家"的较早来源。朱自清和杨振声立即针锋相对，指出"现代文学应该是中文系的方向"。

130 　哲学系开设的通修课"哲学概论"，分三组上课，分别由贺麟、郑昕、石峻任教。教汪曾祺组的是哲学系讲师石峻。他毕业于北大哲学系，是汤用彤的门生，长于中国哲学史、佛学。期末考试时，汪曾祺把考卷拿到茶馆里去答，答好再交上去。

131 汪曾祺大二的课表上有一门"中国文学史"，算是中文系的当家课程，6个学分。任课教师是毕业留校没几年的余冠英，他也是地道的扬州人。余冠英的课，汪曾祺作品中没有提及，倒是他的关于汉代乐府民歌的研究，汪曾祺多次引述。

132 汪曾祺记得大二的英语课是由一位苏联老太太教的，"她一句中文也不会说，我对她的英文也莫名其妙"，汪曾祺遂对英语学习失去了兴趣。不过查联大学程表，没有这样一位苏联外教的记录。就此请教翻译家巫宁坤先生，他也不记得外文系有这样一位苏联老师。

133 刘文典任教"中国文学专书选读"课，讲了一年的《庄子》。汪曾祺听了这门课，可惜只记住了开场头一句话："《庄子》嘿，我是不懂的喽，也没有人懂。"刘文典经常离题抨击同侪的学问，例如某些缺乏己见的校勘专家。

134 1941年下半年，汪曾祺修习刘文典主讲的"昭明文选"课[即"中国文学专书选读（文选）"]。刘文典上课随意，一个学期只讲了半篇木玄虚的《海赋》。有好几堂课大讲"拟声法","在黑板上写了挺长的一个法国字,举了好多外国例子"。《海赋》见《文选》卷十三,以铺张扬历的笔法表现海,其中有大量描绘海的状貌气势的双声叠韵词,诸如泱漭澹泞、沥滴渗淫、潋澉激漪、冲瀜沆瀁、渺淰淡漫等词语,这可能是刘文典发挥"拟声法"的由头。

135 1941年下半年,汪曾祺修习朱自清的"宋诗"课[即"历代诗选(宋)"],"他上课时带一沓卡片,一张一张地讲。要交读书笔记,还要月考、期考。我老是缺课,因此朱先生对我印象不佳"。朱自清从1925年起执教清华,但他上课很容易紧张,讲课过程中出汗不断,所以他习惯带一条手绢,有时候一堂课下来,手绢都湿透了。

136 1941年下半年,外文系开出2学分的"法文壹"课程,刚从研究院毕业的李赋宁任教其中一个班。在朱德熙推荐下,汪曾祺选了李赋宁的课。李赋宁初登讲台,同时开课的有闻家驷、吴达元、林文铮、陈定民四位名教授,但在朱德熙的宣传鼓动下,汪曾祺、马汉麟、李荣、许师谦等五人选了他的课——英语是汪曾祺的弱科,也是他没能拿到大学毕业证的主因之一。第二外语法语学得如何? 不知道。

137 1941年下半年,汪曾祺听了来自南开的哲学心理学系冯文潜教授的"美学"课。联大中文系的师资来自清华、北大两校,南开没有中文系，因此汪曾祺很少选修南开教授的课。冯文潜这门课跟文学有关系，大概是绝无仅有的一门。冯先生讲白居易的词《长相思》"汴水流，泗水流，流到瓜洲古渡头。吴山点点愁"，提到他的孙女把最后一句念成"吴山点点头"。这个"吴山点头"的错谬，给汪曾祺留下了深刻印象。

138　　吴宓讲"中西诗之比较"，汪曾祺很有兴趣地去听。不料吴宓讲的第一首诗却是："一去二三里，烟村四五家。楼（亭）台六七座，八九十枝花。"汪曾祺回忆到此为止，但失望之情穿透岁月。

139　　1942 年下半年，汪曾祺选修了唐兰的"词选"课。文字学家忽然开词选课，不合常规，汪曾祺说"不知道是没有人教，还是他自己感兴趣"。其实这本是浦江清的课，因他阻滞在途，素来喜好词学的唐兰就自告奋勇担任了一学期。浦江清返回昆明不久，就特意请唐兰吃饭，答谢他"救场"。

140　　唐兰于诸家词中偏爱花间派，自己填的也是艳词。讲词也只讲《花间集》，汪曾祺回忆他的方法是"不讲"，有时只是用无锡腔调吟唱一遍："双鬓隔香红，玉钗头上风——好！真好！"这首词就算讲完了。

141　　汪曾祺能写旧体诗，一方面归功于小时候祖父的旧学训练,另一方面也受益于 1942 年秋季学期选修王力教授的"诗法"课。授课内容,可以从王力后来成书的八九十万言巨著《汉语诗律学》中略窥大概。全书紧扣格律形式,全面涉及"近体诗""古体诗""词""曲""白话诗和欧化诗"各类诗体。这门课对汪曾祺后来的诗歌、戏曲创作影响颇深。

142　汪曾祺提交"诗法"课的作业,是一首词,词意据某同学题抽象派画的新诗"愿殿堂毁塌于建成之先"。王力给的评语则是两句诗:"自是君身有仙骨,剪裁妙处不须论。"

143　王力以语言学为专攻,但他 20 世纪 20 年代即译有法国文学作品,1942 年开始创作散文小品。当时王力因避空袭,搬到昆明远郊龙头村赁屋居住,房子小而简陋,土墙上有条大裂缝,日夜担心倒塌,所作文字因以"瓮牖剩墨"为总题。后来一发不可收拾,先后在多家报刊开设专栏,被称作战时学者散文三家之一(另两家为梁实秋、钱锺书)。

144　1942 年,汪曾祺选修了杨振声的"历代诗选(汉魏六朝)"课。那时杨振声刚刚卸任叙永分校主任,回到联大开课。在汪曾祺印象中,杨振声先生"上课比较随便,也很有长者风度"。汪曾祺根据"车轮生四角"这句古诗,写了一份很短的作业《方车论》,从诗句的奇特想象,阐发依依惜别之情的独特表达,杨振声十分欣赏,汪曾祺成为该课唯一免考的学生。

145　　汪曾祺平常不记笔记,临到考试时借同学笔记本看。1941年夏,在大二结束前夕的期末考试中,他接连开夜车看笔记,导致"大二英文"因睡过头而错过考试,被判零分。这是他没能毕业的主要原因,也导致了后来的一连串麻烦。

跑警报，泡茶馆

146 汪曾祺到昆明的头两年(1939年、1940年)，三天两头有防空警报。"跑警报"是战时昆明人生活中的一件重要事情。云南省防空司令部制定的昆明防空警报，设空袭、紧急、解除三种，报警工具为兵工厂用于报时的音响器与六座城门上的警钟。空袭警报拉响之前有预行警报，联大不远处的五华山上升起红球，代表日机起飞，如果日机没有空袭意向，改挂绿灯笼；空袭警报是鸣一长两短，或敲钟1——2——1——2，响三分钟，代表日机进入云南；紧急警报是连续短音或急敲钟，响两分钟，代表日机往昆明而来；解除警报则是拉长音或一下一下有节奏地连续敲钟，响两分钟。

147   1938 年 9 月,日机开始轰炸昆明。1940 年共轰炸昆明 17 次。闻一多家后院曾经掉落过一枚炸弹,未爆炸。1940 年 10 月 13 日,日机再次轰炸,西南联大校舍损失惨重。沈从文、卞之琳合住的宿舍也被炸坏。沈从文从此搬到文林街 20 号单独居住。

148   1941 年 4 月 29 日,下午 1 点开始预行警报,4 点半警报解除。日机共出动 27 架,投炸弹 71 枚,空中爆炸弹 5 枚,硫黄草色弹 1 枚。炸死 52 人,负轻重伤者 76 人。炸毁民房 420 余间,震毁 780 余间,损失汽车 4 辆,马 1 匹。损毁最重的华山西路至北门街一段,恰是联大教员居住密集区域。"自昆明轰炸以来,盖以此次灾区最广、死伤最重云。"(《郑天挺西南联大日记》)本来打算于这一天举行的"清华 30 周年纪念学术讨论会",也因空袭延期。

149   关于跑警报,当时昆明有很多传说。比如总有人看见"汉奸"摇白旗或白手帕,为日军指示投弹目标。但也有人发出疑问:如果日机按照指示去轰炸,不正好把这些汉奸炸死了吗?

150   有市民秘密举报昆明的一位著名中医,说他姨太太是日本人,有汉奸嫌疑。结果该中医被捕。传说宪兵进门抓人的时候,那个日本姨太太正在蚊帐后发无线电报。有人问:她会如此不小心吗?

151 跑警报的时候,只要携带显眼或反光物体,都有可能被怀疑为汉奸匪谍。有人带了一床红色毛毯,打算到野外坐卧,刚出西门就被警察拦截。某银行职员在跑警报时被 8 名警察包围,此时日机已在头上。这位职员让所有警察全都坐下,等日机过去了,才告诉他们:我刚才匆忙,忘了把公事皮包反过来,上面两把洋锁导致反光,现在你们可以搜查我,看看是不是有汉奸嫌疑。于是警察离开。

152 西南联大先修班学生奚某,在马街子山上躲警报,手拿洋装书一册,阳光下,封面略有反光。有驻军看见,勒令他站住。奚同学心慌,不听命令,驻军开枪。奚同学当夜因流血过多去世。

153 电影《无问西东》里拍的西南联大师生野外上课,也是有的。1940 年 12 月 3 日 10 点 35 分,社会学系主任陈达正在新校舍 18 甲教室里上"人口问题"课,忽闻空袭警报。有学生提议跑警报时继续上课,陈达也同意。大家跑到北门外约 6 里的小山树林里,离海源寺不远,坐下继续上课。陈达坐在一个坟头上,讲基尼、雷蒙德·珀尔与卡桑德斯的人口理论,学生 11 人,专心听课记笔记。那天阳光颇好,无风。其他跑警报的人路过这里,也停下来听上片刻。陈达说,只可惜小贩叫卖糖果点心的声音有点打扰上课,不然,比在教室里上课还愉快。(《浪迹十年之联大琐记》)

154　　1942 年，社会学系的毕业生有一位叫徐泽物，论文题目是《空袭与昆明社会》。其中报告：自 1940 年 5 月 2 日至 1941 年 12 月 24 日，昆明共有预行警报 95 次，空袭警报 72 次，紧急警报 52 次。历次警报时间总共约 300 小时。联大学生跑警报所费的时间，约等于 23 周的上课时间或一个半学期。其间昆明被空袭炸死者 1044 人，伤者 1414 人。

155　　汪曾祺 1984 年写了散文《跑警报》，历数联大师生在警报时期的种种表现。他认为日本人轰炸昆明，主要是为了吓唬昆明人，增加市民恐惧，"他们不知道中国人的心理是有很大的弹性的，不那么容易被吓得魂不附体。我们这个民族，长期以来，生于忧患，已经很皮实了，对于任何猝然而来的灾难，都用一种'儒道互补'的精神对待之。这种'儒道互补'的真髓，即'不在乎'。这种'不在乎'精神，是永远征不服的。为了反映'不在乎'，作《跑警报》"。

156　　西南联大图书馆座位不多，宿舍里又没有桌凳，学生看书多半在茶馆里。联大同学上茶馆很少不挟着一本乃至几本书的。汪曾祺说，联大学生，至少是男生，不坐茶馆的大概没有。

157　　从西南联大新校舍出来，有两条街，凤翥街和文林街，都不长。这两条街上至少有不下 10 家茶馆。昆明茶馆里卖的都是青茶，茶叶不分等次,泡在盖碗里。文林街后来开了家"摩登"茶馆,用玻璃杯卖绿茶、红茶——滇绿、滇红。滇绿色如生青豆,滇红色似"中国红"葡萄酒,茶叶都很厚。滇红尤其经泡,三开之后,还有茶色。昆明还有一种大烤茶,把茶叶放在粗陶的烤茶罐里,放在炭火上烤得半焦,倾入滚水,茶香扑人。

158　　茶馆卖盖碗茶,还卖炒葵花子、南瓜子、花生米,都装在一个个白铁敲成的方碟子里。昆明的茶馆计账的方法有点特别:瓜子、花生,都是一个价钱,按碟算。喝完了茶,"收茶钱!"堂倌走过来,数一数碟子,就报出个钱数。有的茶馆是外面的女孩子来卖炒葵花子,绕桌轻唤:"瓜子瓜,瓜子瓜……"

159　　茶馆电灯很亮,有的还备有报纸和英文杂志。茶只卖5分钱一盏,买上一盏茶,可以从早上坐到晚上。一个茶馆一般只有十四五个座位,多数学生来一坐就是几个钟头,久而久之,附近居民不再光顾,茶馆为联大学生占据为读书写作场所,老板一晚卜只能卖六七角钱而已。个别茶馆会表示抗议,多数茶馆则听之任之。

160　　西南联大中文系学生郑临川在昆明泡惯了茶馆,后来到曲靖后还是习惯性地带书到茶馆"泡",结果被老板娘数落一通:"都像先生你这样,我们的茶馆还开不开了?"

161 汪曾祺他们跟凤翥街几家茶馆很熟,不但喝茶、吃芙蓉糕可以欠账,甚至可以向老板借钱去看电影。昆明的茶馆收市很晚,他们有时会一直坐到晚上 10 点多钟,然后去逛翠湖,或是去系图书馆通宵看书。

162 "他们"一般是指"两个外文系的同学"巫宁坤、赵全章,去得最多的一家茶馆,在钱局街上。有课的时候就课后去,没课的日子一早去,各看各的书,写东西,彼此不说话。巫宁坤回忆:"每天课后,我们仨就各自带上两三本书、钢笔、稿纸,一起去泡茶馆。我们一边喝茶,一边吃'花生西施'的五香花生米,一边看书,多半是课外读物,或写点什么东西。茶馆就是我们的'书斋'。谁写好一篇东西,就拿出来互相切磋。曾祺第一篇小说的文采就让我俩叹服。全章中英文都好,经常写抒情小诗,后来一篇接一篇从英文翻译契诃夫的短篇小说。我也写一些小东西。我们最初的习作都是在这家茶馆里泡出来的,投给《中央日报》文艺副刊,居然一篇篇小诗小文都陆续登出来了。经常饥肠辘辘的穷学生,谁一拿到稿费,我们仨就直奔文林食堂'打牙祭'。"

163 1941 年 8 月,以美国飞行教官陈纳德上校为指挥员的"中国空军美国志愿大队"正式成立。巫宁坤结束二年级学业后,应征离校到中国空军美国志愿大队担任英语译员。

164 　　汪曾祺反复写过一位泡茶馆的冠军，是历史系的研究生，姓陆，长脸，个儿很高，两腿甚长，走起路来有点打晃。这个人曾经徒步旅行了大半个中国。陆同学在南英中学兼课，把脸盆、毛巾、牙刷都放在南英中学下坡对面的一家茶馆里，早起到茶馆洗脸，然后泡一碗茶，吃两个烧饼。吃完就喝茶看书。中午，出去随便吃点东西，回来再要一碗茶，接着泡。看书，整个下午。晚上出去吃点东西，回来接着泡。一直到灯火阑珊，才挟了厚书回南英中学睡觉。

165 　　还有位朱南铣，是哲学系研究生，他爱到处遛，腿累了就走进一家茶馆，坐下喝一气茶。全市的茶馆他都喝遍了。他不但熟悉每一家茶馆，并且知道附近哪儿有公共厕所，喝足了茶可以小便，不至于被尿憋死。

166 　　何兆武回忆，有一次在茶馆里听两个物理系高一级学长高谈阔论。一个问："爱因斯坦最近又发表了一篇文章，你看了没有？"另一个说看了，然后把手一摆，很不屑的样子："毫无 originality（创意），是老糊涂了吧。"问的人叫黄昆，摆手不屑的，叫杨振宁。

167 　　因为唱京剧，汪曾祺大一时就结识了物理系的朱德熙。朱德熙的舅舅王竹溪是联大物理系教授，但偏偏喜爱古文字学，经常到中文系旁听唐兰教授的课，朱德熙受其影响，也对古文字产生了浓厚兴趣。

168　　朱德熙上二年级后，干脆从物理系转读中文系，从唐兰先生研究古文字学，从此走上治语言文字学之路。他一度与舅舅合作一个跨学科课题：用物理学方法测定青铜器的容积。

169　　朱德熙转到中文系之后，突发急性小肠疝气。汪曾祺叫了人力车，将朱德熙送到东城惠滇医院，当即留院手术，住了三天。手术费也是汪曾祺去朱的舅舅王竹溪家取的。汪曾祺还奇怪：德熙你有钱不放在身边？多不方便！朱德熙有苦难言，他在宿舍被人偷过衣服，哪敢放钱在身边。

170　　1941 年年底，汪曾祺陪好友朱德熙到文明新街何家瓷器店接受"面试"。何家拟为住在陆家营乡下的儿子何孔先聘请家庭教师。何孔先的姐姐何孔敬在昆明夜校补习班学习，补习班老师推荐因病休学的朱德熙应聘。

171　　何孔敬回忆朱、汪来应聘家教：两个大学生都穿着灰色长衫，十分潇洒，汪曾祺的头发特别长。他们走后，何孔敬父亲说，那位汪先生是个聪明人。何孔敬后来嫁给了朱德熙。

172　　大二一开学，西南联大在阳宗海组织了一次夏令营。施松卿参加了这次夏令营。男女同学围成圆圈跳舞,男外女内,手挽手或背对背。外文系高一级的许渊冲描述了施松卿的样子:"施松卿长得清清秀秀,淡淡的眉毛,细细的眼睛,小巧玲珑,能歌善舞,行屈膝礼时显得妩媚动人,无怪乎有人说她是林黛玉了。"不过那时候汪曾祺大概还不认识这位"林妹妹"。

173　1940年秋,未来的汪曾祺夫人施松卿患上了肺结核,从功课繁重的物理系转入生物系,想继承父业,朝医学方向发展。然而生物系功课也不轻松,她的肺病不断加剧,只能休学一年,到香港养病,寄住在一个高中同学家中。

174　1941年年底,香港沦陷。因病休学在港疗养的施松卿带病返回昆明,转入外文系继续学业。

沈从文，闻一多

175　沈从文居住在北门街时，汪曾祺一度从宿舍搬出，租住沈从文所在的院子。巴金的未婚妻陈蕴珍（萧珊）、萧乾的女友"小树叶"（王树藏）也从女生宿舍迁居同一院子的二楼。汪曾祺因此有机会结识已经名扬文坛的巴金。

176　1939 年 5 月之后，沈从文全家迁往呈贡。沈从文每周到联大上课三天，大部分时间住在文林街 20 号联大教员宿舍楼上把角临街的一间屋子里。汪曾祺回忆沈从文这间宿舍："瓦片直接搭在椽子上，晚上从瓦缝中可见星光、月光。下雨时，漏了，可以用竹竿把瓦片顶一顶,移密就疏,办法倒也简单。"

177   沈从文一进城,他这间屋子里就不断有客人。来客是各色各样的,有校外的,也有校内的教授和学生。学生也不限于中文系的,文、法、理、工学院的都有。这种时候,汪曾祺必去拜访、闲聊、借书、还书。这大概是汪曾祺一生中与沈从文接触最频密的一段时间。

178   沈从文的藏书很杂,有文、史、哲、宗教、人类学、心理学,也有陶瓷、髹漆、糖霜、观赏植物……他的书除了自己看,买了来,就是准备借人的。学生借了不还,沈从文也不在意。于是沈从文藏书散落在无数个西南联大毕业生的行李里。

179   汪曾祺每次去沈从文宿舍,都随便挑几本书,看一星期。他自称"我在西南联大几年,所得到的一点'学问',大部分是从沈先生的书里取来的"。沈从文在某一本书的后面写道:"某月某日,见一大胖女人从桥上过,心中十分难过。"这句话汪曾祺记了一辈子,但一直不知道是什么意思,也没问过沈从文。

180   沈从文迷上了昆明一种竹胎的缅漆圆盒,是妇女的奁具,多用红黑两色,盒盖上有花纹。只要进城,沈从文就满城地到旧货摊上寻找,前后搜集了几百个。有一次买到一个大盒子,直径一尺二,沈从文爱不释手,对汪曾祺说:"这可以做一个《红黑》的封面!"沈从文说的《红黑》，是指1929年，他和胡也频、丁玲三人在上海创办的一份文学刊物。胡也频在创刊号上解释刊名："只是根据于湖南湘西的一句土话。例如'红黑要吃饭的！'这一句土话中的红黑，便是'横直'意思，'左右'意思，'无论怎样都得'意思。"《红黑》以发表三人作品为主，只出了8期，当年就停刊了。

181 有一次汪曾祺随沈从文一起到某图书馆，穿行在一列一列的书架中，沈从文突然叹息说："看到有那么多人，写了那么多书，我什么也不想写了。"说这话是在1940年左右，沈从文仅结集出版的单行本，已有50本。

182 1940年6月，《国文月刊》创刊。它由西南联大师范学院主办，主要关注国文教学，作者阵容以联大师院国文系与文学院中文系教授为主。师范学院国文系专任教师沈从文，前三期连续发表"习作举例"之《从徐志摩作品学习抒情》《从鲁迅周作人作品学习抒情》《从冰心到废名》，这些文章可以跟《大一国文》合观。

183 战时后方物资异常匮乏，《国文月刊》版面拥挤，用纸和印制粗糙。但是第二期竟然发表了三篇学生习作，可谓奢侈，也体现了沈从文的教学理念。其中有两篇，是姚芳和李婉容的同题白话文《我们的小庭院有什么》。在汪曾祺的回忆中，这是沈从文"给上一届学生"布置的习作题。汪曾祺对这个题目印象深刻。

184 汪曾祺还记得沈从文给上一届出的另一个题目更怪,叫
"记一间屋子里的空气"。汪曾祺自己上课的习作《灯下》,记高邮一
家药店上灯以后各色人的活动,淡化人物和情节,致力于写一种"气
氛"。《灯下》是《异秉》的前身,也可以说是记了"一间屋子里的空
气"。这篇小说也经沈从文推荐登在《国文月刊》上。此后各期再也
没刊登过任何学生习作。

185 沈从文首次对外提到汪曾祺,目前所知是在他 1941 年 2
月 3 日致施蛰存的信里。施蛰存 1938 年曾与张兆和母子结伴到昆
明,1941 年正任教于福建长汀的厦门大学。沈从文在信里说:"新作
家联大方面出了不少,很有几个好的。有个汪曾祺,将来必大有成
就。"

186 汪曾祺听课随意,经常旁听其他年级的课程。闻一多的
"古代神话"是为四年级开设的,他在二年级就旁听了。闻一多口才
上乘,富有想象力,课程非常"叫座"。不仅文学院、理学院的学生来
听,连远在拓东路工学院的学生,都会穿过昆明城来一睹闻一多的风
采。教室里里外外全都是人。

187 闻一多早年在芝加哥大学学美术,讲文学课也发挥特长,
"图文并茂"。汪曾祺描述说:"他用整张的毛边纸墨画出伏羲、女娲

闻一多在治印

的各种画像,用按钉钉在黑板上,口讲指画,有声有色,条理严密,文采斐然,高低抑扬,引人入胜。闻先生是一个好演员。"所以他能把伏羲、女娲这样相当枯燥的课题,讲出美——"思想的美,逻辑的美,才华的美"。

188　　闻一多上课,一派名士风范。学生是可以抽烟的。上《楚辞》第一课时,他打开高一尺半的很大的毛边纸笔记本,抽上一口烟,用顿挫鲜明的语调说:"痛饮酒,熟读《离骚》,便可称名士。"(出自《世说新语·任诞》)闻一多的课都不考试,学期终了交一篇读书报告即可。

189　　但是并不是所有学生都喜欢闻一多这种讲课风格。闻一多从前在青岛大学讲课,也是这种风格,后来学校闹风潮,有学生在黑板上写打油诗讽刺闻一多上课喜欢"呵呵"地笑。诗曰:"闻一多,闻一多,你一个月挣四百多,一堂课四十分钟,经得住你呵几呵?"

190　　汪曾祺说:闻一多先生曾劝诫人,当你们写作欲望很强的时候,最好不要写,让它冷却一下。所谓冷却一下,就是放一放,思索一下,再思索一下。

191　　汪曾祺在《金岳霖先生》里回忆:闻一多先生有一阵穿一件式样过时的灰色旧夹袍,是一个亲戚送给他的,领子很高,袖口极窄。云南军阀龙云的长媳是清华校友,联大有一次在龙云的长子、蒋介石的干儿子龙绳武家里开校友会,闻一多在会上大骂:"蒋介石,王八蛋! 混蛋!"

192　　汪曾祺有一次替一家小报向闻一多约稿。闻一多觉得汪曾祺精神状态很颓废,把汪曾祺痛斥了一顿。汪曾祺毫不示弱,直率地表示对闻一多参与政治活动不以为然。回宿舍后,汪曾祺给闻一多写了一封短信,说今天闻先生对他"俯冲了一通"。闻一多回信说:"你也对我高射了一通。今天晚上你不要出去,我来看你。"汪曾祺后来说"闻先生是很喜欢我的"。

193 1944 年 1 月,低年级同学杨毓珉修习闻一多"唐诗研究"课要交读书报告,自己没有时间,委托好友汪曾祺代写。汪曾祺代他写的期末读书报告名为《黑罂粟花——李贺歌诗编读后》,文末缀完稿时间为"晨 5 时",足见熬了一夜。闻一多收到作业激赏不已,夸杨毓珉:"你的报告写得很好,比汪曾祺写得还好!"

西南联大众师生

194 世人皆知刘文典是古文学学者，往往以为他一心痴迷古典学问，不问世事。其实，他是老资格的"革命者"，早期是同盟会会员。他关心国际局势，常有深刻见解，第一次世界大战期间他的国际评论很受欢迎。直到抗战结束后，他还不断在《云南日报》等报刊发表痛快淋漓的时评。

195 1941 年下半年，联大中文系主任一职更动频繁。因原系主任罗常培陪同梅贻琦常委视察叙永分校，离校期间闻一多代理中文系主任(例兼师院国文系主任)。罗常培返校后，于 9 月 10 日辞去中文系主任,联大常委会拟请闻一多继任,闻一多坚辞。24日,常委会决定甫卸任叙永分校主任的杨振声担任中文系主任。12月18日,杨又辞职,罗常培恢复担任两系主任职。半年四换系主任,史上少有。

196 西南联大很多名教授讲课随意,渊源有自。据任继愈回忆,在北平时,北大教授蒙文通讲"宋史",那时胡适是文学院院长,一个学期末,他问学生:"你们的宋史讲到哪儿了?"学生说讲到王安石变法。下个学期末,胡适又问:"你们的宋史讲到哪儿了?"学生说讲到王安石变法。

197 清华大学有个传统:教授连续服务五年,得休假一年。1940年,"清华双清"朱自清、浦江清同时打报告休假。朱自清的休假地是成都,此前朱夫人陈竹隐嫌昆明物价高,带孩子回了故乡成都;浦江清的休假地是上海老家。

198 "双清"的休假报告获得梅贻琦校长的批准。在这之前,闻一多刚刚在晋宁县休假研究一年,王力则在越南休假研究一年。他们准时返回了联大。"双清"休假,中文系亦无乏人之虞。

199 相比于朱自清往返成昆之间无惊无险,浦江清在上海假期将满时,碰上了太平洋战争爆发,让浦江清返回昆明之路万分艰

1939 年 8 月，朱自清与夫人陈竹隐、三子朱乔森（前左）、幼子朱思俞于昆明翠湖公园

险。浦江清从 1942 年 5 月 29 日上路，计划在下学期开学前返回联大，事实上迟至 11 月 21 日才到达昆明。此行在途 177 天，从芒种走到小雪，历夏、秋、冬三季，辗转迂回九省，居停县市镇近 50 个。浦江清因为这次休假留下一部《西行日记》，备述艰难曲折中一意孤行之经历，堪称现代中国知识分子的"指南录"。

200　　西南联大教授，少有不能兼跨文与学者。联大中文系主任罗常培虽声称"要当作家不要到中文系来"，也自称"生来不是文艺天才，更加缺乏素养"，但同样是文章里手。1941 年 5 月—8 月，罗常培陪同梅贻琦在四川视察游历,从10月起,用两个月时间创作游记散文集《蜀道难》,1944年出版。后又于1942年、1943年到滇西考察讲学,写成《苍洱之间》。两书均脍炙人口。

201 逻辑学教授金岳霖在"知识论"课堂上一时兴起,忽然背诵起莎士比亚《罗密欧与朱丽叶》中的诗句,发音准确、清脆,语调优美,富于感情,倾倒四座。

202 金岳霖的代表作《知识论》写成于西南联大时期。有一次跑警报,金岳霖包好《知识论》稿子随身携至昆明北面的蛇山,放在屁股下当坐垫。警报解除后,金岳霖起身就走,等想起坐垫,返回寻找,已无踪影。金岳霖后来重新写了这部六七十万字的大书,称其为一部"多灾多难的书"。

203 算学系教授华罗庚是数学家中的诗人。他曾与闻一多两家人同挤一室,中间用布帘隔开。华罗庚有诗咏其事:"排布分屋共容膝,岂止两家共坎坷?布东考古布西算,专业不同心同仇!"后闻一多遇难,华罗庚亦有诗悼之:"乌云低垂泊清波,红烛光芒射斗牛;宁沪道上闻噩耗,魔掌竟敢杀一多!"

204 1942年下半年起,古典文学专家游国恩应罗常培邀请从华中大学(大理)到联大任教。化学系教授黄子卿素喜作诗,因佩服游国恩诗作,日夕与之切磋。可惜黄子卿作品几无存留,仅余少数诗句联语,如其挽游国恩联:"落花依草哭丘迟,卅年旧交,两行热泪;春树暮云怀李白,千篇新著,一代词宗。"

205　　西南联大物理系教授吴有训在 1945 年前一直兼任理学院院长,他主张学生要有较广的知识面。他指导学生选课时要多选外系的课,物理系学生如果选的全是物理系的课,他常不肯签字,而劝学生改选文学院的唐诗、逻辑等课。

206　　化学家曾昭抡英语发音纯正响亮,十分悦耳。外文系年轻的英语文学专家李赋宁回忆说:"他对英国文学知识的丰富和理解之深刻,让我十分吃惊。"

207　　后来的"两弹元勋"邓稼先是清代艺术家邓石如六世孙,也是美学家邓以蛰之子。杨振宁是算学系杨武之教授之子。两人同在联大上学,十分要好,常结伴在昆中校舍东墙根树旁念古诗,"一个拿着书看,另一个在背,就像两个亲兄弟"。

208　　杨振宁对于狄拉克、海森伯的物理学研究风格,全以古诗文描述。如谈到英国理论物理学家狄拉克时,形容其发现,引高适句"性灵出万象,风骨超常论";形容其独创性,用袁中道的"独抒性灵,不拘格套";形容其文章则用"秋水文章不染尘"。

209 邓稼先在大漠戈壁做研究时,每于紧张工作的余暇,蒙被(怕打扰同事)聆听贝多芬的《命运交响曲》,乃至他的敲门声都有着"咚咚咚,咚;咚咚咚,咚"的独特节奏。

210 桥梁大师茅以升的女儿茅于美酷爱填词,词风近温(庭筠)、李(商隐)。她于 1938 年入联大中文系,聆听朱自清、闻一多、冯至、闻家驷、潘家洵等的课程,因诸位教授均主张中文系、外文系学生应打通中外界限,乃于二年级开始旁听外文系课,学习德文、法文、拉丁文。

211 茅于美 1940 年暑期后因病回家,就近转学至时在遵义的浙江大学,受到词学家缪钺先生指点。她 1943 年毕业后,考取西南联大文科研究所研究生,治外国文学。故地重来,有"桃源忆故人"词云:"舟行重到曾游处,惊见湖山如故。但记梦中花树,莫识愁来路。"

212 朱自清五四时期以新诗名世,后在清华中文系教古典文学,于 1927 年始师从诗人黄晦闻学旧体诗,所谓"以老泉发愤之年,僭大学说诗之席……于是努力桑榆,课诗昕夕"。早期集有《敝帚集》。南渡后作诗不辍,诗作可称现代"宋诗派"代表,后集为《犹贤博弈斋诗钞》,取"敝帚自珍,犹贤博弈斋之玩"之意。其《南岳方广道中寄内作》可为蕴含儿女情思的得意之作:"勒住群山一径分,乍行幽谷忽干云。刚肠也学青峰样,百折千回却忆君。"

213　　外文系教授冯至是新文学著名诗人,也是国内屈指可数的德语文学专家,对歌德有深湛的研究。联大时期,他曾在罗常培发起的"文史学十四讲"、贺麟组织的哲学编译会上讲《德国的文学史研究》《浮士德里的魔》《从浮士德里"人造人"略论歌德的自然科学》《歌德与人的教育》等,这些题目后来都融入了冯至论歌德的专著中。

214　　冯至上课讲歌德专题时,教室里总有位特殊听众,头戴一顶缺了边的破草帽,身穿灰布旧长袍,坐在第一排,旁若无人,专心听讲——这是联大教授中以不修边幅闻名的逻辑学教授沈有鼎。

215　　据任继愈回忆,联大文学院到云南先设在蒙自,沈有鼎与钱穆同居一室。沈有鼎每月工资都码放整齐,放在一个旧皮箱内,上课、散步从不离手,每天晚上数上一遍。有一天发现少了一摞钞票,怀疑是钱穆偷拿。钱穆受此无礼质问,以为奇耻,大怒之下,差点打沈有鼎一耳光。

216　　沈有鼎也会参加昆曲社拍曲,汪曾祺回忆:"哲学系教授沈有鼎,常唱《拾画》,咬字讲究,有些过分。"

217　　冯至上小学的女儿在作文《我的家庭》中写道:"我爹爹每

天早起就提着篮子上菜街去买菜,然后穿上灰布长袍去学校教书,下课回家,赶快脱下长袍挂在墙上……"冯至曾戏仿冯延巳《鹊踏枝》句"百草千花寒食路,香车系在谁家树",吟有"百孔千疮衣和袜,不知针脚如何下",与女儿的作文相互印证。

218 冯至著名的《十四行集》成于 1941 年,其中有一首咏杜甫,有句云:"你的贫穷在闪烁发光/像一件圣者的烂衣裳/就是一丝一缕在人间/也有无穷的神的力量/一切冠盖在它的光前/只照出来可怜的形象。"不乏借杜甫酒杯浇自家块垒之意。

219 战乱流离,让冯至特别钟情杜甫,他有诗云:"携妻抱女流离日,始信少陵字字真。未解诗中尽血泪,十年徒作太平人。"

220 冯至发愿为杜甫作传,但苦于资料匮乏。1943 年某日,他在青云街一家旧书店里,见到一部仇兆鳌的《杜少陵集详注》,当时没带够钱,待到再去时,书已售出。失望中回到家,适逢联大学生张式彝、周基堃来访,他们告诉冯至,买书者是历史系学生丁名楠。次日一早,丁名楠携书来转让给冯至。

221 冯至反复研读学生转让的这部仇注杜诗,在联大"学生选习学程单"的背面,作了几百张卡片,最终撰成《杜甫传》,成为一代研杜名家。

222 　　汪曾祺年轻时恐怕不太喜欢杜甫,尤其是那些沉郁悲壮的诗句。他说过:"杜甫的《北征》,我是到中年以后才感到其中的苍凉悲壮的。"但是汪曾祺喜欢"随风潜入夜,润物细无声",希望自己的小说,能给读者一点心灵上的滋润。

223 　　西南联大教授之间互相听课是常态。前面说过物理系教授王竹溪听中文系教授唐兰的文字学。据冯至日记记录,仅 1942 年6 月—11 月,冯至就听了陈康的"柏拉图的年龄论"、冯文潜的"美与丑"和朱自清的"宋诗的思想"等课。

224 　　外文系教授吴宓对中文系教授刘文典的学问见解十分佩服,两人志趣相投,交谊深厚。吴宓常到刘文典课堂上旁听。传说刘文典每讲到得意处,便张望后排,问:"雨僧兄以为如何?"吴宓必起立回答:"高见甚是,高见甚是!"

225 　　吴宓有多爱听刘文典讲谈,1942 年 3 月 3 日这天日记可证。当天下午 1—3 点,刘文典在吴宓家中做客评论李商隐诗;晚 7点,吴宓又随刘文典到教室听他讲《锦瑟》;晚 9 点又陪刘文典到文林街茶馆,继续听其讲谈。

226 　　吴宓、刘文典都在联大讲过《红楼梦》。吴宓用西方理论比较研究,侧重人生;刘文典则从传统方法考察,侧重考证。1942 年 3 月 16 日和 30 日,刘文典连续两次演讲《红楼梦》,内容精彩,气氛热烈。吴宓两次都前往聆听。前一次因人多,临时由小教室换为大教室,仍不够用,又改为露天演讲。后一次,据吴宓日记载:"冒雨陪典至校中南区第十教室,听典讲《红楼梦》,并答学生问。时大雨如注,击屋顶锡铁如雷声。"

227 有学生回忆刘文典第一次《红楼梦》讲座的情景:讲台上已燃起蜡烛,刘文典先生身着长衫登台,在临时摆起的桌子后面坐下。有女生为他斟上茶,刘文典先生从容饮尽一盏,霍然起立,像说道情一样有板有眼地念出他的开场白:"只——吃——仙——桃——一口,不——吃——烂——杏——一筐!仙桃只要一口就行了啊!我讲《红楼梦》嘛,凡是别人讲过的,我都不讲;凡是我讲的,别人都没有说过!今天给你们讲四个字就够了!"然后拿起笔,转身在旁边架着的小黑板上,写下"蓼汀花溆"四个大字。

228 1943 年上半年,刘文典开设"元遗山""吴梅村"两门选修课。他在课堂上自负地说:"这两位诗人的诗,尤其是吴梅村的诗,老实说,比我高不了几分。"

229 上课喜欢求好评的,还有一位金岳霖教授。金岳霖 1942 年的"符号逻辑"课,选课的人很少,最突出的是王浩。金岳霖讲着讲着,就会停下来问:"王浩,你以为如何?"这堂课就成了他们师生二人的对话。这个班的选修生里,还有一位汪曾祺,只是这门课对于汪曾祺来说,简直是天书。

230 在金岳霖的课上,归侨学生林国达最爱提一些古怪的问题。金岳霖没法回答,就反过来问他:"林国达,我问你个问题:'林国达先生是垂直于黑板的',这是什么意思?"林国达是广东蕉岭人,1939年考入联大师范学院,后来在一次游泳中淹死了。

231 汪曾祺名篇《金岳霖先生》,曾记沈从文拉金岳霖到金鸡巷沙龙讲"小说与哲学"。金先生讲了半天,结论却是:小说和哲学没有关系。有人问:"那么《红楼梦》呢?"金先生说:"《红楼梦》里的哲学不是哲学。"他讲着讲着,忽然停下来:"对不起,我这里有个小动物。"他把右手伸进后脖颈,捉出了一个跳蚤,捏在手指间看看,甚为得意。

232 金岳霖关于小说的演讲可能不止一次。有几位联大师生都曾记录1943年1月8日在昆北食堂的一次演讲。朱自清在日记中写道:"晚参加金的演讲会,讲题'小说与哲学',其结论希望建立一种既'说不得'是艺术,又'说不得'是哲学的小说理论。"《吴宓日记》:"立昆北食堂门外,听金岳霖讲'哲学与小说'。略谓哲学之'一',与小说之'多',皆不易以文字表达。但小说尚可以艺术济其穷,而哲学则迄今犹无理论之成立云云。"许渊冲的记忆则是:"金岳霖认为《红楼梦》的人生哲学不是形而上学,所以说小说和哲学无关,因为形而上学是'不易以文字表述'的。汪曾祺听讲不作笔记,所以理解就有误了。"

233　1941 年下半年,有位叫马千禾的同学考入西南联大中文系。马千禾已经 26 岁,直接进二年级,比汪曾祺低一个年级。虽然是小班上课,但汪、马当时关系不近。马千禾 1938 年入党,是由中共南方局安排进入联大的,以学生身份从事地下活动。这一安排,与 1940 年 10 月发生的皖南事变有关。当时缺乏政治热情的同学私下称马千禾为"职业学生"。马千禾后来也是知名作家,改名马识途。

234　1997 年 4 月 25 日,汪曾祺赴四川成都,参加"中国当代作家五粮液笔会",在宾馆与马识途见面,一见面就拿出一张紫葡萄画送给马识途。马识途问:"学长,近来贵体如何?"他答:"粗安。"开幕式上,两人坐在一起。同桌作家听到比汪曾祺大许多的马识途称汪"学长",感到不解,马识途遂说明详情。汪曾祺开玩笑说:"你那时是在当'职业学生'呀!"

社团生活

235　　1942 年,西南联大校园里的文科名教授讲座极为频繁。最引人注目的,一是国文学会主办的"中国文学十二讲",朱自清 3 月16 日打头阵,讲"诗的语言",此后又有刘文典讲《红楼梦》、沈从文讲"短篇小说"、冯友兰讲"哲学与诗"、罗常培讲"元曲中之故事类型"等。

236　　另一系列讲座,是国文学会、历史学会联合举办的文史讲座,每星期两次,开场是闻一多的"伏羲的传说",后罗常培、杨振声、雷海宗等均有出场,影响很大。其中罗常培讲的"语言与文化",内容精彩,"诸教授列席旁听者甚众"。

237　　1941 年暑中,罗常培陪同梅贻琦视察叙永分校,在重庆公干期间,邀请时任中华全国文艺界抗敌协会理事的老舍到联大讲学。罗常培是老舍的小学同学,还是他与胡絜青的媒人。8 月 26 日,老舍与罗常培同机飞抵昆明,到 11 月 10 日返渝,共居留 77 天。

238　　老舍来昆,是昆明文艺界的盛事。老舍在联大发表四次系列演讲,总题为"抗战以来文艺发展的情形",另外在中法大学和南菁中学各讲一场。9 月 8 日首场演讲,闻一多主持,联大中文系教授全部出席,场面浩大。老舍自述,感到"好像是到了'文艺之家'"。

239　　老舍当时正热衷于改写旧曲艺,他在罗常培处意外地发现了一部书稿《北京俗曲百种摘韵》,感觉很有价值,就鼓励罗常培修订出版,并亲自作序。1942 年,《北京俗曲百种摘韵》在重庆出版,是罗常培唯一一部以通俗曲艺为研究对象的语言学著作。

240　　西南联大有个综合性社团"群社",在汪曾祺大一下学期开始的时候,"群社"的文艺股独立出来,因当时窗外冬青迎风傲寒,乃取名"冬青文艺社"。汪曾祺是冬青社最初成员。其他创社成员还有:林元、杜运燮、刘北汜、萧荻、马健武、刘博禹、萧珊、张定华、巫宁坤、穆旦(查良铮)、卢静、马尔俄(蔡汉荣)、鲁马等。

241　　冬青社成立之初,以《冬青》壁报及系列手抄本刊物为园地编发作品,同时举办演讲会、朗诵会等一系列活动,在联大及昆明地区享有盛誉。汪曾祺在《冬青》上发表的作品,不知道还在不在世间。

242　　冬青社成员之间互相叫外号,大家称刘北汜为"礼拜四",称杜运燮为"都都",叫施载宣为"小弟",叫陈蕴珍(萧珊)"小三子"……汪曾祺的绰号是啥? 不得而知。

243　　沈从文请老舍来冬青社的沙龙讲过一次,题目是"小说和戏剧"。当时刘北汜、萧荻、萧珊等冬青社成员租住金鸡巷4号,此处便成为热闹的文学沙龙,沈从文、汪曾祺都是常客。这场沙龙,是汪曾祺第一次近距离接触老舍,哪会料到他将来会是自己的直属领导呢?

244　　冬青社成立后,出刊《冬青》壁报,吴晓铃题写报头,张贴于新校舍门内右侧墙上,围观者众。后来因为小说、诗歌等另出手抄杂志,该壁报乃以杂文为主,改名《冬青杂文壁报》,两周一期,出刊很长时间。

245　　学生社团主办的壁报,是西南联大最重要的传播媒体。

联大最早的壁报是 1938 年秋季工学院主办的《引擎》与《熔炉》。文学院与法商学院从蒙自迁到昆明,参加过"一二·九"运动的部分学生创办了《腊月》。稍后开张的《大学论坛》,与《腊月》立场相反。著名社团"群社"成立后,频繁组织讨论会、讲演会、晚会、歌咏会等活动,其壁报《群声》影响颇大,带动一大批壁报如雨后春笋般出现,盛时有二三十种同时出刊。

246　　冬青社是文艺社团,邀请文科教授与作家演讲是重要活动内容之一。第一次演讲的主角是闻一多,他从龙头村专程赶来发表演讲,会场设在联大校内靠右边的一间教室。这次演讲的组织者杜运燮说,这是闻一多"多年来第一次出来支持一个进步团体"。这次演讲可以视为学者、诗人闻一多介入民主运动的开端。

247　　1940 年 7 月底,巴金乘滇越线火车抵达昆明,探望在西南联大外文系念书的未婚妻陈蕴珍(萧珊),一直住到 10 月。其间巴金曾参加联大文学青年座谈会。这是汪曾祺结识巴金的开始。

248　　1941 年 7 月,巴金再访昆明。冬青社乘机邀请巴金开了一次座谈会。

249　　巴金人很好,没什么名作家的架子。联大同学刘北汜和王文焘、王育常等人到萧珊住的金鸡巷拜访,巴金做了几样地道的四川菜请他们吃。

250　　沈从文也去看巴金。当年沈从文新婚,住在北京府右街达子营。巴金也借住在那里。他们每天写作,巴金在屋里写,沈从文搬个小桌子,在院子里的树荫下写。巴金写了一个长篇,沈从文写了《边城》。巴金在《怀念从文》中提到:"我还记得在昆明一家小饮食店里几次同他相遇,一两碗米线作为晚餐,有西红柿,还有鸡蛋,我们就满足了。"

251　　1941 年 10 月,中文系四年级的学长林抡元与几位同道商量办一个文学刊物,第二年刊物出版,这就是联大校园刊物中著名的《文聚》。"文聚"这个名字是沈从文起的,他给了这批年轻人大力的支持。汪曾祺自然是文聚社的积极分子。这个社团的主要成员还有马尔俄、马蹄、穆旦、杜运燮、刘北汜、田堃(王铁臣、王凝)、辛代(方龄贵)、罗寄一(江瑞熙)、陈时(陈良时)等。

252　　1940 年上半年创作、发表的小说《钓》,目前被确定为汪曾祺的起步之作。小说写一次垂钓过程中的纷纭思绪,文思奇崛,造语刻意,透着青春作者的绚烂特征。"怎么钓竿上竟栖歇了一只蜻蜓,好吧,我把这枝绿竹插在土里承载你的年青的梦吧","预料在归途中当可捡着许多诚朴的欢笑,将珍重的贮起",这都不像在讲故事,像在作诗。

253　目前所见汪曾祺最早发表的散文(说散文诗或更恰当)《私生活》,刊于成都《国民公报》的《文群》副刊(靳以主编)第 372 期(1941 年 12 月 9 日)。文中有着梦呓般的奇想和绚烂的比喻,如"我很虚怀若谷的逐一叩问他们(邻居们)的姓名……天,他们的答复像一个图章上印出来的";灯影里的蛾子"永远辞别暗,追逐光,它是旅程是一支颠来倒去的插在严冰与沸水之间的温度计的水银柱"。

254　1940 年,任教于云南大学的陶光、张宗和,与联大生物系助教吴征镒等组织了昆曲社,可以看作清华谷音社的重组。社员有朱自清夫人陈竹隐,中文系教授罗常培、浦江清,哲学系教授沈有鼎,数学系教授许宝骒等,公推罗常培为社长,定期活动,是当时昆明最重要的昆曲团体。汪曾祺也厕身其中。

255　昆曲社的社址主要在联大东北角教室内,有时也在云南大学西北角的晚翠园,"借用一个小教室,摆两张乒乓球桌,二十张椅子,曲友毕集,就拍起曲子来"。

256　吴征镒回忆说,擅长冠生的陶光嗓音好,声情并茂,一咏三叹,最能动人。汪曾祺说他"高亮圆厚,底气很足……都唱得慷慨淋漓,非常有感情"。《辞朝》中《啄木儿》唱句"万里关山音信杳,他那里举目凄凄,我这里回首迢迢"特别能反映在场者的心境。后来,经刘文典介绍,陶光和一位滇剧女演员结了婚。

257　　吴征镒本人则擅长老生,汪曾祺描述他"实大声宏,能把《弹词》的'九转'一气唱到底,还爱唱《疯僧扫秦》"。

258　　汪曾祺、朱德熙和王年芳是曲社的学生社员。王年芳是扬州人,她跟朱德熙一样,也是二年级转学进入中文系。这三位中文系学生被教唱者许茹香先生称为"联大三杰"(据汪曾祺自述)。汪曾祺后来不唱昆曲了,朱德熙还一直唱,带着夫人一起唱。

259　　许宝騄教授是俞平伯夫人许宝驯的弟弟。受家族影响,姐弟都酷爱且精通昆曲。许宝騄听汪曾祺唱过一首曲子,就托罗常培转告汪,想教汪曾祺一出《刺虎》。

260　　曲社聚会完毕,会去翠湖边一家小铺吃馅儿饼,**AA** 制。饼还没吃完,每个人该多少钱,数论专家许宝騄已经算得清清楚楚。

261　　汪曾祺在曲社学会了不少唱段,除《刺虎》之外,还学过一出名曲《惨睹》。《惨睹》别称"八阳",首句是"收拾起大地山河一担装,四大皆空相",清代康乾时有谚云"家家'收拾起',户户'不提防'"("不提防"是《长生殿·弹词》的开头),这句后来被汪曾祺写入剧本《裘盛戎》。《惨睹》出自《千忠戮》,讲建文帝故事。因为学过这出戏,汪曾祺对建文帝"有一点感情"。

262　汪曾祺曾经按谱填词写过昆曲。他发现这种体裁比作诗、填词都自由得多,"上下句不必死守,可以连用几个上句,或几个下句,以适合剧中感情的需要"。汪曾祺认为大部分剧种没有文学性,昆曲与川剧例外。汪曾祺说,他的小说也受到了戏曲的影响。

263　沈从文夫人张兆和的大弟张宗和,是曲社唯一的笛师。汪曾祺也在此期间学会了吹笛,月白风清之夜,他会坐在昆中北院一棵大槐树的老树根上,独自吹笛到半夜。有同学说:"这家伙是个疯子!"

264　话剧是汪曾祺大学期间热衷参加的文艺活动之一,他至少参加过两个剧团。第一个是联大青年剧社,成员主要是 1938 年、1939 年入学的学生,指导教师是孙毓棠、傅锡永,经费每月 30 元,剧团属于三青团系统,同时接受中央团部资助每月 30 元。

265　青年剧社主要指导教师孙毓棠,是联大师院史地系副教授。他曾经在 1939 年夏天指导国防剧社排演了曹禺的《原野》,他的妻子、戏剧演员凤子出演金子,舞台美术科班出身的中文系教授闻一多担任舞美。他们三人甚至联名请曹禺专程来昆指导。《原野》8 月16 日在新滇大戏院开演,连日大雨中连演九天,场场爆满,又加演五天。两剧共演出 31 场,掀起了昆明的戏剧高潮。当时汪曾祺正在等待联大录取。

266   1940 年,青年剧社先后公演独幕剧《同胞姊妹》《良辰吉日》,7 月为"七七献金",根据阳翰笙作品改编演出了国防题材四幕剧《前夜》,是一场大型公演。

267   1941 年,青年剧社与另一隶属国民党系统的国民剧社争相排演联大外文系教授陈铨创作的间谍题材加三角恋情情节的戏剧《野玫瑰》。国民剧社率先得手,当年 8 月在昆明大戏院上演。1942 年 3 月该剧在重庆演出,反响热烈,剧本获得了教育部的奖励,陈立夫、张道藩等国民党要人都为它"站台",而《新华日报》《解放日报》批评其把"卖身投靠的奴才"美化为英雄,"隐藏着'战国策'思想的荼毒"。

268   1942 年 6 月,汪曾祺所属的青年剧社也排演了《野玫瑰》,演出三天。

269   1942 年上半年,汪曾祺与中文系低年级的杨毓珉、哲学系周大奎等同学成立了山海云剧社,先试演南国社的《南归》、陈白尘根据艾芜小说改编的《秋收》等剧。

270　　1942 年暑假期间，山海云剧社排演了曹禺的《北京人》。汪曾祺负责化装。昆明摄影名家高岭梅帮《北京人》拍了剧照：后面是北京人的齐胸的影子，拍得虚虚的；前面叠印主要人物和戏剧场面。剧照陈列在正义路口，颇引行人注目。

271　　1942 年 8 月，昆明儿童剧团公演了根据鲁迅翻译的班台莱耶夫《表》改编的同名五幕六场儿童剧。编剧为同济大学机械系学生董林肯，导演为联大工学院土木工程学系 1938 级学生劳元干，连演十余场，受到文艺界好评。汪曾祺受邀担任化装工作。

272　　汪曾祺多年后还记得，《表》里演监狱看守的，是刺杀孙传芳的施剑翘的弟弟——施剑翘姐弟曾与沈从文、梁思成、闻一多、傅雷等合住在青云街 217 号。他是个身材魁梧的胖子。每次上场前，管化装的汪曾祺就给他的唇上贴一个大仁丹胡子。

273　　汪曾祺后来很感慨地说："董林肯为什么要主持《表》的演出？我想是由于在昆明当时没有给孩子看的戏。他组织这次演出是很辛苦的，而且演戏总有些叫人头疼的事，但是还是坚持了下来。他不图什么，只是因为有一颗班台莱耶夫一样的爱孩子的心。"

毕不了业，又失恋又穷

274　　汪曾祺 1939 年入西南联大，按说应该于 1943 年夏天毕业。1943 年 6 月 20 日《生活导报》之《××新闻》栏有条花絮，形象地形容了毕业生的苦况："大学中本届毕业同学，既须于跳蚤臭虫夹攻下准备考试，复须于大雨倾盆中或炎日高照下奔走谋求啖饭地，寝席难安，辗转反侧，颇有焦头烂额之感。"

275　　汪曾祺毕业前夕，中文系主任罗常培找他谈话，想推荐他留校，教先修班国文，说是先占个位子，省得明年麻烦。汪曾祺在致朱奎元的信中说："这事相当使我高兴。别的都还是小，罗先生对我如此关心惠爱,实在令人感激。联大没有领得文凭就在本校教书的,这恐怕是第一次。"

276　　主张中文系不培养作家的罗常培为汪曾祺写介绍信,叫他持信找先修班主任、植物学家李继侗,信中说"该生素具创作夙慧"。这句话让汪曾祺感动不已。

277　　因体育和大二英文成绩不合格,汪曾祺未能在1943年夏天如期毕业,滞留于西南联大补修课程。汪曾祺虽然留了级,但从罗常培告诉他的未来规划来看,他对于次年通过补考,获得毕业资格,充满信心。

278　　不知道是不是罗常培的推荐起了作用,自1943年11月起,汪曾祺开始在西南联大师范专修科担任书记。据《国立西南联合大学全校教职员名单册(1946年)》,汪曾祺"学历及经历"一栏注明其为"联大国文学系补学分学生、本校书记"。不过,这个位了次年3月就没有了。

279　　1943年暑假前夕,汪曾祺与低年级同学、好友杨毓珉一起搬离联大宿舍,在民强巷租房居住。汪、杨家均在沦陷区,两人均与家里不通音信,缺乏经济来源,但杨毓珉此时习篆刻,挂牌治印,月可入四五十元(这比联大的贷金高出三四倍),才有条件租房。

280　　租了房子,汪曾祺与杨毓珉从此可以星期六不走二三里路去联大食堂吃那种掺有沙子、谷糠的"八宝饭"了,还能"不时下个小馆吃碗焖鸡米线、卤饵块,喝二两烧酒,生活富裕多了"。

281　　不过,剃头可是贵多了,当时联大校外剃头六角,校内只需三四角。

282　　1943 年下半年,国民政府教育部通知:西南联大等高校的 1944 级毕业生无须考试,只要体检通过,即可征调为译员或服兵役。

283　　1943 年 10 月,汪曾祺好友巫宁坤搭乘美国军机前往印度,旋乘美国陆军运输舰"乔治·华盛顿"号赴美,为一批到美国受训的中国空军飞行人员担任译员。

284　　联大当局很重视译员征调之事,1943 年 11 月 9 日,梅贻琦一天之内先后在新校舍及工学院发表两次讲话,宣布规定。军事委员会译员训练班原定 10 月 15 日开班,因报名不积极,推迟到 11 月,其间继续动员,梅贻琦甚至宣布"不应征者立即开除学籍"。

285　　11 月 12 日,西南联大教授会议议决,"本年度四年级学生,自下学期起全部征调,担任阵地服务,以服务成绩作为该生下学期毕业成绩",主要是在云南及缅甸、印度各战地担任随军翻译。12月出台办法细则,征调对象则只限于男生,充任译员可免修 32 学分及军训、体育课程。

286

西南联大教授们分别约谈本系学生加以鼓励。闻一多曾找中文系学生个别谈话,分析局势,说明担任译员的重要意义。西南联大一些负责人的子弟也报名参加了,如蒋梦麟之子蒋仁渊、查良钊之子查瑞传、梅贻琦之子梅祖彦等。

287

1944 年 1 月 26 日,西南联大全校 416 名四年级学生前往战地服务团进行体格检查,以应征担任随军译员。检查标准为:身高155 厘米以上,体重 46 公斤以上,胸围 70 厘米以上,五官及肺脏正常,无重沙眼、痔疾及精神病。2 月 19 日又进行了补检。经过这一番措施,进入译训班的西南联大学生达到 243 人。

288

汪曾祺没有应征当译员。不去应征的原因,有人说他"认识高""有骨气",但汪曾祺则对子女说了另外的隐衷:一是觉得外语水平太差,恐怕应付不了这个差事;二是当时生活窘迫,连一件像样的衣服都没有,身上的一条短裤后边破了俩大洞,露出不宜见人的部位,于是没去参加体检。

289   关于从军,汪曾祺并非全无打算,他在 1944 年 6 月致朱奎元的信中说:"我现在很担心战争。你莫笑,我许把自己送到战争里去。我现在变得非常激烈。……或许,我到军队中作秘书去。或许,我会到一个大学里教白话文习作去。或许,什么也不动,不换样子,我还是我,郎当托落,阑阑珊珊!"

290   1944 年的汪曾祺,因为教书报酬太少,又迟迟得不到家里寄来的钱,经济深陷困顿之中。他在 5 月 7 日给朱奎元的信中透露,他身无分文,已经十二个小时没有吃饭了。当日汪曾祺向另一同乡任振邦借到 1000 元钱。

291   1944 年 4 月,在朋友邀约下,汪曾祺还曾到云大附近的南英中学短暂教过一班国文。这个学校每天有升旗、降旗、晚点名等烦琐仪式,还有国民党、三青团的培训等。任教不久,校方拟让汪曾祺担任训育主任,他以"名士派"为由婉谢。

292   1944 年春夏之交,汪曾祺经历了一场惨烈的失恋。1943 年雨季,他结识了一位"蓝家女孩子"。后来她去了曲靖,汪曾祺曾写信催她回来,对方拒绝了,这使汪曾祺陷入苦闷。

293   汪曾祺在毕业前夕致同乡朱奎元的一封信中,透露了他

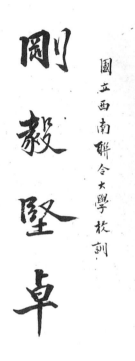

刚毅坚卓

国立西南联合大学校训

西南联大校训

当时的感情生活："我近来感情正为一件事所支配,我愿意自己对一些理想永远执持不变,并且愿意别人也都不与我的理想冲突。这两天最好我们不谈起有关女孩子事情。"

294　　这场恋爱细节不明,要好的朋友后来也不曾提起。汪曾祺只在给朱奎元的信中,敞开了心扉："我从来没有说过蓝家孩子一句抱怨的话是吧? 现在,我的欢喜更是有增无已。我自从不找她以来就没有找过她。我没有破坏我的约言……我没有写一个字给她；虽然我是天天想去找她，天天想写信给她的。我常常碰到她，有时莫名其妙的紧张，手指有点抖，有时又像是什么也没有发生过，虽然都不说话，但目光里有的是坦白，亲爱。若是我们两个都是单独的，则相互看着的时间常会长些，而且常是温柔(你莫以为肉麻，我说温柔是别于激动)的笑一笑。我们不像曾经常在一处又为一点心照不宣的事摔开了，倒像是似曾相识，尚未通名，仿佛一有机缘就会接近起来似的。"

295　暑假前夕，汪曾祺为送"蓝家女孩子"去医院，再次找同乡任振邦借钱。

296　7 月 29 日，汪曾祺写信给朱奎元，宣布自己"跟蓝家孩子算吹了，正正式式。决不藕断丝连"。

297　这段时间，汪曾祺靠写作来抵抗思念与贫穷。他于 1944 年 5 月 9 日一天内写信 5 封，其中致朱奎元信中透露："一月写了三万字，一部分是自传，写我的家，我的教育，我的回忆和'回忆'；另一部分仍是自传，写近一年种种，写那种将成回忆的东西。前一部分平易明白，流活清甜，后一部分晦涩迷离，艰奥如齐梁人体格。"这些文字似乎大多没有保存下来。

298　这段时间,汪曾祺租住在民强巷,十分落魄,在白绵纸本子上随意写作,不停地抽烟,满地都是烟蒂。"有时烟抽完了,就在地下找找,拣起较长的烟蒂,点了火再抽两口。"没有床,就睡在一个高高的条几上,这条几也就是一尺多宽。被里已不知去向,只剩下一条棉絮,他"拥絮而眠"。

299　汪曾祺失恋后,更加颓废,有时没钱吃饭,就睡到上午11点,坚卧不起。朱德熙见他没露面,就夹一本字典来,"起来,去吃饭!"卖掉字典,吃一顿早饭。

300　失恋了,还闹牙疼。有一回汪曾祺去看望沈从文,沈从文开门,见汪曾祺腮帮子肿得很高,一句话没说,出去买了几个大橘子抱了回来。

301　1944年深秋,从越南前线回到昆明休假的杨毓珉,到民强巷看望生活潦倒的汪曾祺。杨毓珉回忆:住室是一间五平方米的小房子,"真可谓家徒四壁,屋里只有一张三屉桌、一个方凳,墙角堆了一床破棉絮、几本旧书,原来此公白天在桌上写文章,晚上裹一床旧棉絮,连铺带盖地蜷缩在这张三屉桌上。看起来能卖的都在夜市上卖了。肯定时不时还要饿几餐饭"。

302　　1944 年,汪曾祺写了总题为"茱萸小集"的一系列散文陆续发表,并希望在自己"不死,不离开,不消极以前写成,让沈二哥从文找个地方印去"。同时他还着手写一系列"给女孩子","用温和有趣笔调谈年青女孩子各种问题"。以上文字大部分未能保存下来。

因为演剧，教了中学

303 1943年10月，山海云剧社在省党部礼堂公演话剧《家》，原著巴金，编剧曹禺。汪曾祺扮演老更夫。宗璞回忆汪曾祺的表演：鸣凤鬼魂下场后，老更夫在昏暗的舞台中间，敲响了锣，锣声和报着更次的喑哑声音回荡在剧场里。现在眼前还有那老更夫的模样，耳边还有那声音，涩涩的，很苦。

304 山海云剧社公演《雷雨》，汪曾祺兼化装主任，并扮演鲁贵。演周萍的演员叫王惠，他一上台就站错了地方，导演着急，在布景后叫："王惠，你过来！"他以为导演是在提词，就跟着大声嚷嚷：

"你过来!"弄得同台演员莫名其妙。王惠演着演着又忘了词,只好无缘无故大喊:"鲁贵!"汪曾祺演鲁贵,只好上去,没话找话地说:"大少爷,您明儿到矿上去,给您预备点什么早点? 煮几个鸡蛋吧!"王惠总算明白过来了:"好,随便,煮鸡蛋! 去吧!"

305　　山海云剧社原打算公演筹款办中学,从暑期开始排练了三个半月,没想到公演期间赶上敌机轰炸,警报频频,上座不佳,半月之后,入不敷出,草草结束。服装道具都是借来的,花销很大,借债不少,剧社负责人周大奎的住处坐满了债主。

306　　公演没赚到钱,学还是要办。1943 年 10 月末,山海云剧社在李公朴、马约翰、龙云的支持下,取得中华职业教育社的孙起孟支持,开始筹办中国建设中学。教室借用中华职业教育社校舍,孙起孟任名誉校长,周大奎为校长。汪曾祺也是创办人之一,并担任国文教员。

307　　中国建设中学教师全是联大学生,义务教学。学生的学费也是全免,主要针对战区和沦陷区来昆明无力念书的青年,首期只招了高一和高二两班。

308　　1944 年暑假后,中国建设中学迁到昆明北郊黄土坡观音寺一个废弃的仓库。学校求大书法家于右任题写了校名。学校设施简陋,师生自己动手铺垫道路。学校紧邻孤儿院,每天听见管理员教孤儿们唱京戏《武家坡》,"一马离了西凉界,不由人一阵阵泪洒胸怀",汪曾祺说"听了一年《武家坡》,听得人真想泪洒胸怀"。

309 1944 年秋,应教生物的同事邀请,汪曾祺参加了一次野外考察活动。一起去的有一位联大生物系助教蔡德惠。蔡德惠很受队员欢迎,大家都围着他,随便掐一片叶子,找一朵花,问他,他都娓娓地说出这东西叫什么,生长情形、分布情形如何,有关典故如何,哪首诗里提到过它。蔡德惠说话轻轻的,温和清楚。不久蔡德惠死于肺结核。汪曾祺很怀念他,1947 年作有散文《蔡德惠》,1984 年又以蔡为主角写了小说《日规》。

310 1945 年 7 月,施松卿从西南联大外文系毕业。稍后也进入中国建设中学,成为汪曾祺的同事。

311 施松卿毕业前后曾在一个管理滇缅公路的法国人家里兼做一份家教,教一个女孩学英语,同时做为她洗澡之类的保姆任务,"唯一的好处就是能吃饱饭"。后来法国人调离滇缅公路,想把施松卿一起带走,但施松卿拒绝了。

312 昆明的胡萝卜浅黄,长达一尺,嫩而富含水分,微甜,据说还有美颜功效,联大女生尤其爱吃。中国建设中学迁到昆明北郊的观音寺后,公路对面是大片胡萝卜田,胡萝卜叶子琐细,颜色浓绿,把地皮盖得严严的,犹如"堆锦积绣"。施松卿常常大啖这种廉价水果。汪曾祺则一直不喜欢胡萝卜——他小时候得过小肠疝气,保姆大莲姐姐为他试偏方,一度天天让他吃煮胡萝卜,吃伤了。

313　　1945 年 9 月,中国建设中学迁到白马庙。学校三面都是农田,汪曾祺上课之余,常常伏在窗台上看农民种田。看插秧,看蓄水,看少年用长柄锄头挖地。"这个孩子挖几锄头就要停一停,唱一句歌。他的歌有音无字,只有一句,但是很好听,长日悠悠,一片安静"。这一时期汪曾祺爱读《庄子》,跟环境太搭了。

314　　汪曾祺有时到镇上的茶馆喝茶。茶馆的东壁粉墙上画了满满一壁茶花,墨线勾边,颜色浓重,红花绿叶,工整而天真。堂倌说这是"哑巴"画的。过了两天,汪曾祺看见一个挑粪的,粪桶是新的,粪桶口沿处画了一周遭串枝莲,笔法、风格极像那茶花。自然也是那个"哑巴"画的。汪曾祺说,能够几十年都记得白马庙,都是因为会画画的"哑巴"。

315　　白马庙一带治安不好,学校经常有小偷光顾。汪曾祺有一次和施松卿到城里看电影,晚上回来,快到大门时,从路旁沟里蹿出一个黑影,跑了。原来是一个伺机翻墙行窃的小偷。

316　　同事里也有手脚不干净的。杨毓珉在建设中学当教导主任。他有一条当美军译员时发的将军呢毛料裤子,晚上睡觉,盖在被窝上压脚。有一天半夜醒来开灯,发现将军呢裤子没了。

317　　1945 年 12 月 2 日,"一二·一"惨案发生次日,昆明市中等以上学校罢课,联合委员会在联大新校舍举行四烈士入殓仪式。当晚,联大全体同学为死难烈士举行公祭,昆明各校师生和各界人士6000 余人参加,闻一多走在队伍前头。汪曾祺和好友朱德熙、李荣也参加了活动。

318　　1946 年年初,汪曾祺犯了牙疼病。三一圣堂的法国修女能治牙病,她不敲钉锤(即敲竹杠),人还蛮可爱的,喜欢聊天。施松卿几次劝汪曾祺去看,他都没去。有一个晚上,汪曾祺终于下决心第二天去看牙,但第二天一早施松卿来找他时,他正坐在床上给她写信,第一句是:"赞美呀,一夜之间消艸了无形的牙疼。"下一次再去时,赶上礼拜天,铁将军把门,汪曾祺说进城一趟不容易,用准备看牙医的钱,和施松卿去看了一场电影。以后,修女回了法国,汪曾祺就再也没去过。

319　　1946 年 4 月 14 日,西南联大昆明校友会举行校友话别会,欢送母校师长。为防特务滋扰,闻一多与云南前省长龙云的公子

1946年5月3日，西南联大结束时中文系全体师生合影于教室前。（二排左起）浦江清、朱自清、冯友兰、闻一多、唐兰、游国恩、罗庸、许维遹、余冠英、王力、沈从文

交涉，决定活动地点设在龙公馆。汪曾祺、施松卿、朱德熙、何孔敬四人同往。一顿丰盛的西餐后，大家聆听了闻一多痛快淋漓的演讲。闻一多尖锐抨击了那些企图破坏会议的人，并指名道姓地痛骂蒋介石。

320　　　1946年7月12日，沈从文举家乘飞机离昆赴沪。离开前，他郑重地叮嘱汪曾祺："千万不要冷嘲。"

321　　1946 年 7 月 15 日,闻一多演讲完毕回家路上,在西仓坡家门口十几米外被特务枪杀。汪曾祺第一时间到朱德熙家报告消息。何孔敬回忆说:"曾祺和松卿气急败坏地到家里来,对德熙说:'我们没有估计错,特务乘联大师生走得差不多了,对先生下毒手了。'他们三个人平时到了一块儿,总有说不完的话。这天,三人垂头丧气,沉默无语……"

北平与上海

颓在朱家地铺上，想自杀

322　　1946 年 7 月，汪曾祺与施松卿一道，沿着他 1939 年来时的原路，昆明—越南—香港，回到上海。

323　　汪曾祺在越南海防吃到两样东西，难忘。一是牛肉粉。牛肉极嫩，汤极鲜，辣椒极辣。辣椒的颜色为橘黄，似乎很像海南的黄灯笼椒。一是石斑鱼，粤港一带一般是清蒸，这里是红烧，而且配一大盘生薄荷叶，吃一口鱼，嚼几片薄荷，再吃一口鱼，可以保持鱼味常新。

324 　香港往上海的船，要等。汪曾祺只好暂住在一家下等华侨公寓里。吃住都便宜，住就是给一条席子，随便你躺哪里过夜。每天两顿饭，菜只有一碟炒通菜(北方叫空心菜)，一碟墨鱼脚，只用开水焯过，米倒是很白。

325 　跟汪曾祺同住的，都是开帆船的水手，跑澳门做鱿鱼蚝油生意的小商人，准备去南洋开饭馆的厨师。汪曾祺兜里没钱，前途渺茫，每天不是去皇后道、德辅道瞎逛，就是在走廊上看水手、小商人、厨师打麻将。

326 　有一天汪曾祺无所事事地逛街，居然在报摊小报上看到一条消息："青年作家汪曾祺近日抵达香港。"不知哪家报馆如此眼光独到，消息灵通。

327 　香港让人更加百无聊赖的原因是，到了这里，汪曾祺就跟女朋友暂时分别了。施松卿要先回福建家乡。临别时，施松卿含泪从船上扔下来一本书，书里夹着一张纸条，写着："这一去，可该好好照顾自己了。找到事，借点薪水，第一是把牙治一治去。"

328 　大概是 8 月之后，汪曾祺终于回到了久违的上海。他在上海没怎么住，就又赶到了镇江——他的父亲汪菊生，正带着全家人在镇江躲避高邮的战火（汪菊生的朋友铁桥，大概就是这段时间被处决的）。七年过去了，一家人终于等到了团聚的一天。

329　　汪曾祺有位小姑爹崔锡麟，是银行界的头面人物，时任中国农业银行镇江支行经理，后来还当选了"国大代表"。汪菊生让汪曾祺去拜见这位小姑爹，打算让汪曾祺在银行里谋个事。崔锡麟没有推辞，但当面把汪曾祺训了一通，说他不该跟着朱自清、闻一多搞什么政治，而应该继承祖业，兴旺汪家。汪曾祺从此不肯再登小姑爹家的门，也就与银行业无缘了。

330　　谋职未果，汪曾祺返回上海，寄住在好友朱德熙家中。朱德熙此时已赴北平清华大学任教。朱家还有弟弟妹妹，人口不少，但朱妈妈对汪曾祺很好，让他在过道里打地铺。

331　　朱德熙的妹妹朱然当时还是个小姑娘，每天早上起床，很有礼貌地跟"颓在地铺上"的哥哥的朋友笑眯眯地打个招呼，高高兴兴出门去参加上海地下党的外围活动。汪曾祺后来说，他知道朱然他们心里一定瞧不起他：都是年轻人，寄居在家里这位，简直没个人样儿！

332　　失业的日子持续了一两个月。女朋友施松卿倒是在福建老家当上了中学教师。汪曾祺写信给在北平的老师沈从文，吐露自己想过要自杀。沈从文回信把他大骂了一顿,说:"为了一时的困难,就这样哭哭啼啼的,甚至想到要自杀,真是没出息! 你手中有一支笔,怕什么!"沈夫人张兆和时在苏州,沈从文又让张兆和写了一封长信安慰汪曾祺。

致远中学一教员

333　9 月,工作终于有了着落,李健吾介绍汪曾祺去自己学生办的致远中学教书。这所私立中学在延安中路,在威海路与南京西路交叉口以南,长乐路与淮海中路交叉口以北。学校规模很小,本是高级中学,1946 年改为初级中学,每个年级只有一班。整所学校在一座三层的小楼里,教室只占一层半,操场、图书馆与实验室一概没有。这些景况,后来被汪曾祺写入唯一一篇写上海的小说《星期天》里。汪曾祺在致远中学的第一个学期教初三"外国历史"。

334　1946 年 10 月,汪曾祺的小说《庙与僧》刊登于上海《大公

20 世纪 40 年代的汪曾祺和施松卿

报》。这篇小说是汪曾祺后期名作《受戒》的前身。

335 1946 年 11 月，汪曾祺写了散文《他眼睛里有些东西，决非天空》，记录了他在 1944 年 3 月 25 日走出校门，看到门外白杨丛里躺着一个将死的伤兵，一动也不动，裤子都没了，但眼睛还在看。汪曾祺说他因此想起奥登（实为里尔克）的诗句"有些东西映在里面，决非天空"。这件事汪曾祺日后反复提起，当时身边同学说："对于这种现象,你们作家要负责!"汪曾祺说,这给了他很大刺激,让他感到一个作家的社会责任感,他的创作开始走向现实主义。

336　　1946 年冬某日,开明书店在绿杨村请客。吃完饭,几个人约着到卢湾区霞飞坊 59 号巴金家喝工夫茶。在座的还有靳以、黄裳。巴金夫人萧珊表演了全套工夫茶程序:灈器、炽炭、注水、淋壶、筛茶。每人喝了三小杯。汪曾祺第一次喝工夫茶,印象深刻,"太酽了"。

337　　黄裳回忆说:汪曾祺在巴金家里,总是非常老实,非常低调,出于对前辈的尊敬。这些小字辈当面叫"李先生"或"巴先生",背后叫"老巴"。只有回到咖啡馆,跟黄永玉、黄裳在一起,汪曾祺才会恢复海阔天空、放言无忌的姿态,"月旦人物,口无遮拦"。

338　　1946 年 12 月,汪曾祺将沈从文指导过的习作《灯下》改写成了《异秉》。这篇小说与 1980 年重写的《异秉》,是汪曾祺"从四十年代到八十年代"的最佳见证之一。

339　　1946 年年末,汪曾祺从上海到扬州与家人团聚了一个月。此时父亲汪菊生在镇江医院当眼科医生,继母任氏带着三个孩子住在扬州。

汪曾祺的父亲汪菊生

340   1947 年 1 月初,汪曾祺创作小说《鸡鸭名家》,在小说里他回到了高邮,还与父亲大吃特吃高邮的鸭、蟹。

341   沈从文在 2 月初致艺术界朋友的信中,托他们为汪曾祺谋职,信中说:"我有个朋友汪曾祺,书读得很好,会画,能写好文章,在联大国文系读过四年书。现在上海教书不遂意。"因为汪曾祺对书画感兴趣,沈从文希望能为他在博物馆找到一份工作。

342　1947 年春天,汪曾祺与致远中学的同事去杭州春游,游览西湖,尝了醋鱼和"带把"(活草鱼脊肉切片生吃),在虎跑喝龙井茶,一杯茶 1 块大洋。汪曾祺才知道,喝茶,"水"至关重要。

343　1947 年 5 月初,汪曾祺花了五个夜晚,一共 21 个小时,写了一篇长论《短篇小说的本质——在解鞋带和刷牙的时候之四》,集中展现了他早期的小说思想。

344　1947 年 6 月,汪曾祺写了小说《落魄》。汪曾祺日后回忆写这篇小说的情绪:"我当时只有二十几岁,没有比较成熟的思想。我对生活感到茫然,不知道如何是好……小说中对那位扬州人的厌恶也是我对自己的厌恶。"汪曾祺说,这种情绪比较现代派,因为"现代派的一个特点,是不知如何是好"。

345　1947 年 6 月,汪曾祺还写了小说《职业》。这篇小说可能是汪曾祺重写次数最多的小说(1947 年,1980 年,1981 年,1982 年,至少四次),也可能是他自己最喜欢的小说。

346　1947 年 5 月—6 月,汪曾祺一共写了 12 万字,平均每天写 2000 字,而且自己觉得"大都可用"。这是他生命中第一个创作爆发期。

347　牙疼仍然一直困扰着汪曾祺,他终于向学校请假去就医,还预支了 20 万块的工资。牙医是朱德熙母亲推荐的,姓梁,广东人,很年轻,候诊室里居然还有一本纪德的《地粮》,西南联大学生最爱读的书之一。

348　1947 年 7 月 14 日,黄永玉来访。这是二人第一次见面。此前沈从文信里提到过他这位表侄,怕他饿死在上海滩,或是毁于电影女明星之手。见面后,黄永玉发了许多关于上海文艺界排斥自己的牢骚,汪曾祺劝黄永玉"还是自己寂寞一点做点事,不要太跟他们接近"。

349　与黄永玉见面后第二天,汪曾祺即致信沈从文报告见面情形,夸黄永玉是个天才,说沈从文"您这个作表叔的,即使真写不出文章了,扶植这么一个外甥(实为表侄——编者注),也就算很大的功业了"。汪曾祺还在信中悬想了哪些人可以给黄永玉的木刻写评论,除自己外,还有王逊、林徽因、费孝通、老舍、郑振铎、叶圣陶……连已逝的闻一多都算上了。

350　在这封长信中,汪曾祺也向老师报告了巴金将为自己印集子的消息,说稿费用途都想好了:为父亲买个皮包,一个刮胡子电

汪曾祺的小说《老鲁》发表于《文艺复
兴》1947年4月号

剃刀,甚至为他做一身西服。

351   汪曾祺还跟沈从文商讨自己和女友的工作问题:施松卿在
福州不愉快,想来上海或去北平,但两人都"不会活动",想托沈从文
找杨振声帮忙,给施松卿找一个"比较闲逸一点事",又说上海市要搞
教员资格鉴定,自己没有证书,很麻烦,也透露出想去北方工作。

352　1947 年夏天,在福州英华中学教书的施松卿接到以前西南联大论文导师的信,称北京大学西语系有一个助教位置,问她愿不愿意接受。施松卿接信后立即整装北上。

353　施松卿先到上海,与汪曾祺订婚。未来的公公汪菊生从镇江到上海见儿媳妇,想给她买一只猫儿眼(一种宝石)作为订婚礼物,施松卿拒绝了。

354　施松卿暑假后任教于北京大学,负责公共英语大课。1946 级物理系有位陕西学生热衷于学生运动,经常缺课。施松卿专门找他个别谈话,说:像你这样不好好学习,将来是没有前途的。这个学生叫胡启立。

355　1947 年秋季开学,汪曾祺继续在致远中学教国文,住在教学楼的地下室里。有一次他没去上课,班长去宿舍找,回来对同学们说,汪先生感冒了,还在睡,身上只盖了一床棉絮,被里被面都没有。

356　汪曾祺上作文课,颇有沈从文的风范。有一次正要布置作文题,突然有警戒车的笛声传来,汪曾祺立刻改作文题为"假如这辆警戒车是来抓我的"。学生们写作文,汪曾祺坐在讲台后,在那些

又长又圆又掉渣的粉笔上画各种花、鸟、房子。一下课,这些粉笔就
被同学们一抢而空。

357　　汪曾祺在作文课上曾夸过两个学生。一个女生描绘夜空
中的繁星"像天空开了一朵朵小白花",汪老师让同学们向她学习,细
致地观察生活、感受事物。有一个男生的父亲是清道夫,本人学习也
不好,颇受同学歧视。他有一次写了一个句子:"天气一天天热起来,
柏油路也一天天变软了。"汪老师公开表扬这个句子写得好。

358　　青年诗人唐湜读了汪曾祺的许多作品后,来致远中学拜
访,想给汪曾祺写一篇"像样的评论",不料汪曾祺拿出一册沈阳印
刷、非常粗糙的《穆旦诗集》,说:"你先读读这本诗集,先给穆旦写一
篇吧,诗人是寂寞的,千古如斯!"1948 年,唐湜写出了万余字的《穆
旦论》并发表。

359　　1947 年,汪曾祺与黄裳、黄永玉交往密切,三个人经常一
起吃喝、聊天,被人称为上海滩"三剑客"。一个中学国文教师,一个
轮船公司白领兼《文汇报》副刊编辑,一个自由艺术家,各穿一套蹩脚
的西装,在上海霞飞路(今淮海中路)上来回绕圈,一直说到无话可说
为止。

360　　汪曾祺常常陪黄裳去逛旧书店。当然,之前两人要去川

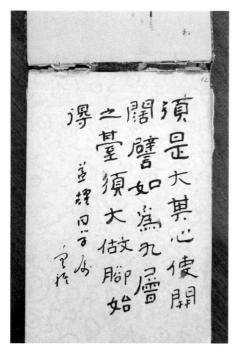

1948年，汪曾祺在致远中学任教时为学
生林益耀题词

菜小店吃棒子鸡，喝大曲酒。有时两人醉醺醺地提着一摞旧书，合乘
一部三轮车到霞飞坊巴金家聊天。那摞旧书太失礼，不敢拎进客厅，
只好放在门外头。好在没人瞧得上偷走。

361 1947年，沈从文因发表时事评论，受到左翼文化阵营的攻
击。李健吾、巴金都替沈从文担心，希望他"不要写这样的杂论，还是

写他的小说"。朋友的这些意见,由汪曾祺写信告诉沈从文。

362　　1948 年,唐湜写出了最早的汪曾祺创作专论《虔诚的纳蕤思——谈汪曾祺的小说》,长达 13000 多字。文中描绘的汪曾祺"一头半白的头发,一身极干净的蓝大褂,一口利落的北京话,眼睛时时在思想、探索,爱抓抓头皮或许只是一个生活的点缀吧……如果说何其芳有六朝隋唐人的华采风姿,那末汪曾祺就像是一个萧然一身的魏晋士人"。问题来了:从来没去过北方的汪曾祺为什么能说"一口利落的北京话"?

全世界都是凉的

363　　1948 年 3 月，汪曾祺坐船北上，去投奔已在北大落脚的未婚妻。9 日抵天津，住在劝业场附近的惠中饭店。

364　　汪曾祺在天津逛了逛，得到的第一印象是"这里橱窗里的女鞋都粗粗笨笨，毫无'意思'"。他给黄裳写信，说看女鞋是"测量一个都市的文化"的首项。天津这方面显然不合格。

365　　有个茶房来问汪曾祺要不要找个人解解寂寞。汪曾祺没答应，反而拉着这个穿着黑中山服的胖子聊了半天。茶房问他有没有太太,他说:刚要结婚,太太死了。茶房吓得忙不迭道歉。

366   茶房跟汪曾祺大谈"日本"时候情形,又可惜他没有从上海带货来,不然半个钟头就能卖出去。汪曾祺发现天津的香烟比上海价钱还低,吃东西、看戏都更便宜。

367   3 月 10 日,汪曾祺到了往后大半生的居住地北京。他先是在沙滩北京大学宿舍寄住了一段时间,具体是三个多月还是半年有点模糊了。一开始两三个月找不到工作,他写信给上海的唐湜说,北方不接受他,正如南方,他转而怀念起南方来。

368   因为住在沙滩,汪曾祺经常能见到正在北大任教的废名。汪曾祺一直很喜欢废名的小说,还知道周作人说过"废名之貌奇古,其额如螳螂"。但眼前只是一个穿着灰色长衫理着平头,在北大路上缓缓独行的中年人,看不出"奇古"和"螳螂"。

369   寄住北大期间,汪曾祺常去吃一家四川小馆子,据说是辛亥年四川保路运动领袖蒲殿俊 1930 年离京后留下的厨师开的。馆子只有三四张小方桌,但是鱼香肉丝、回锅肉、豆瓣鱼的味道都很醇正,而且泡菜特别好吃,还不要钱。其址疑是现在的成都驻京办餐厅。

370 汪曾祺偶尔也带着女朋友去沈从文家蹭饭,对张兆和做的八宝糯米鸭印象深刻,说是酥烂入味,皮不破,肉不散,"是个杰作"。张充和也住在沈家,汪曾祺吃过她做的"十香菜"——十种咸菜丝分别炒好,放在一个盘子里,是苏州人常吃的年菜。充和切咸菜丝极细,又经过冷冻,"拈箸入口,香留齿颊"。

371 黄裳在给汪曾祺的信里说:"北平甚可爱,望不给这个城市所吞没。"因为有很多人"到北平只剩下晒太阳听鸽子哨声的闲情了"。

372 1948 年 5 月,汪曾祺终于经沈从文与杨振声介绍,进了位于午门的北平历史博物馆当一个办事员,负责保管仓库,为藏品写说明卡片。没有固定工资。

373 历史博物馆名目很大,藏品没多少。汪曾祺记得有两尊很大的铜炮,称为"将军炮",张勋复辟时还用过。还有一架绞刑机,德国进口的,只用过一次,绞死的犯人叫李大钊。汪曾祺不知道该怎样给这件藏品写说明卡片。

374 另外留下较深印象的就是古代的刑具。两把一尺多长的鬼头刀,汪曾祺才明白用这种刀没法"砍头",只能用巧劲把脑袋切下

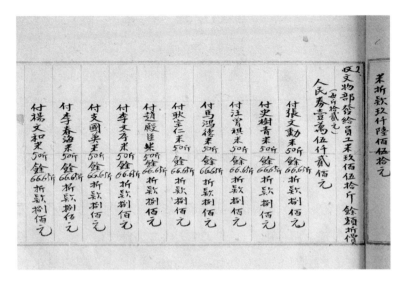

1949 年 2 月，汪曾祺在北平历史博物馆任职时的薪津簿

来。还有一套凌迟用的刀具，装在一个木匣里，大大小小有一二十把，还有一把细长的锥子，是千刀万剐之后来这么一下子，刺穿心脏。要是用锥子之前犯人就死了，刽子手有罪。

汪曾祺就住在午门宿舍，在右掖门旁边，据说原是锦衣卫值宿所在。到了晚上，天安门、端门、左右掖门都关死了。故宫怕失火，不装电灯，汪曾祺去旧货摊上买了一盏白瓷罩子的古式煤油灯，晚上在宿舍灯下看书；有时也走出房门，站在午门前的石头坪场上，"仰看满天星斗，觉得全世界都是凉的，就我这里一点是热的"。

376　有一天,来了一个上岁数的人参观,听口音是河北丰润一带的。这人不知怎么知道了眼前这位办事员是西南联大的,就问他是否认识马杏垣。汪说认识,地质系的,会刻木刻。"我是他爹!"马杏垣1948年在美国念书,老爹说起他来很是自豪。汪曾祺心中是何滋味?多年后记了一笔:"是呀,有这样的儿子,是值得骄傲。"

377　历史博物馆有位工人老董,从前在国子监干过,也住在馆里。汪曾祺喜欢跟他聊天,后来以聊天内容为题材写了散文《国子监》。老董大概是同治末光绪初生人,1948年也七十多岁了。他和他儿子都在博物馆当工人。

378　秋天,生活突然改善了不少。这要"归功"于国民政府改革币制,发行金圆券,1元兑法币300万元。凡拿国家机关工资的人,等于薪水涨了10倍以上。

379　这段时间,汪曾祺与施松卿几乎天天晚上到东安市场去吃小馆,"苏造肉"、爆肚、白汤杂碎,换着花样儿吃。可惜好景不长,一个月后,金圆券迅速贬值,两人又回到沙滩去吃炒合菜。

380　中法大学学生徐知免,是汪曾祺在昆明时的朋友。1948年秋天,徐知免在东安市场一家咖啡馆看见过汪曾祺与施松卿,说汪

1948 年冬，汪曾祺和施松卿在北京

"颔下留着一捧长长的乌黑的大胡子"。没留下这样的照片，颇难想象汪曾祺像丰子恺或于右任的样子。

381　　1948 年 8 月 12 日，朱自清贫病交加，在北大附属医院病逝。全国文化界掀起了一场声势浩大的悼念活动，至年底，见诸报刊的悼文在 220 篇以上。未见汪曾祺当时对这位扬州同乡兼老师的去世有所表达,也未听说他参加北京的公祭活动。

382　　1948 年 11 月 7 日,汪曾祺参加了"方向社"第一次座谈会。座谈会记录稿发表时题为《今日文学的方向》,参加者有朱光潜、沈从文、冯至、废名等名家,袁可嘉主持。汪曾祺发言一次,纠正了沈从文发言中的一个比喻,并呼吁前辈将自己的经验告诉年轻人。

383　　汪曾祺在 11 月 30 日致黄裳信里说,如果要重回上海去教中学,也无不可,只是"这算干吗呢"。又说黄永玉来信让自己去香港乡下住,可以洗海水浴,一千字稿费可以买 8 到 10 罐鹰牌炼乳。汪曾祺说自己"不是一定不去"。他在午门这个大院子里,晚上静得"慌",而且无书可读,只能"以写作限制自己"。

384　　物价涨得很凶,但汪曾祺对朋友声称不碍事,说他已储足了一个月的粮食、两个月的烟。

385　　1949 年 1 月 19 日,高邮第二次解放。不久,汪曾祺的父亲汪菊生带着妻儿从镇江回了高邮。

386　　1 月 29 日是春节,汪曾祺与施松卿去了清华园朱德熙家。此时解放军已兵临城下,物资奇缺。朱家刚用 30 斤面粉换了一只鸡,做了一道红烧洋葱鸡块,一道粉丝熬大白菜,一道酱油糖煮黄豆。朱夫人说"这个年过得真够惨的了",汪曾祺很高兴,说"有鸡吃就行了,还要吃什么"。他和朱德熙边吃边聊,足足吃了一个下午。

387　　沈从文因为受到左翼阵营的批判,苦闷以致精神失常。他住在中老胡同 32 号北大教授宿舍,屋后有条小路,沈从文觉得每时每刻都有人在监视他。解放军进城前,梁思成、林徽因等老朋友邀请他到已经解放的清华园去暂住一阵。

南下，复北上

388　1949 年 1 月 31 日，解放军接管北平防务，北平和平解放。这时历史博物馆来了个人，对职员说："你们赶紧收拾收拾，我们还要办事呢！"他说的"办事"是指他要在午门登基。这人是个疯子。

389　3 月，汪曾祺报名参加了中国人民解放军第四野战军南下工作团，想"丰富自己的生活经历"。这个工作团团长是陈赓，副团长是陶铸，拟招收人员超过万人，主要是青年学生与技术工人，参加解放江南工作。因为"参加革命工作"在 1949 年 10 月 1 日前，汪曾祺后来也成了一名"离休干部"。

390　　3月前后,汪曾祺与施松卿终于结婚了。之前朱德熙夫妇十分担心,觉得两人在一起很久了,就是不提结婚的事儿。现在汪曾祺即将南下,两人终于决定结婚,当天逛了北海公园,下馆子吃了面,晚上还到老师沈从文家报喜。

391　　按规定,汪曾祺参加四野南下工作团后,施松卿享受革命干部家属待遇。

392　　汪曾祺分到四野南下工作团一分团一大队。同在这个大队的还有梁思成与林徽因之女梁再冰、翻译家金隄、诗人李瑛等。

393　　4月8日,一分团在中山公园音乐堂举行开学典礼。四野领导林彪、罗荣桓、刘亚楼等悉数到场讲话。晚上全体学员观看歌剧《血泪仇》。

394　　汪曾祺被抽调进了四野南下工作团宣传先遣队,需要提前南下,进行建团、宣传和报道工作。先遣队4月22日乘火车出发,路况不佳则步行。从郾城到驻马店150里路,从长台关到信阳,皆为步行。

395 5 月 15 日四野南下工作团抵河南新店。次日收到武汉解放的消息,于是兵分两路,其中一路乘车即刻赶往武汉,主要是宣传人员。汪曾祺当在其中。

396 就在汪曾祺南下之时,他的第一部小说集《邂逅集》由上海文化生活出版社出版,系巴金主编"文学丛刊"之一,收入了 8 篇短篇小说。

《邂逅集》,文化生活出版社 1949 年 10 月第 1 版

397　《异秉》《最响的炮仗》两篇重要作品可能因为发表较迟，未收入《邂逅集》。汪曾祺 1948 年 7 月致沈从文信中，曾透露打算收入这两篇。

398　汪曾祺原想随四野南下工作团一路打到广州。但在行军期间，组织要求每名团员讲清自己的历史，汪曾祺交代了 1936 年参加复兴社的事（参见第 55 条）。虽然经过审查他没干过什么对不起人民的事，但是这样的人不适合留在革命队伍中。

399　汪曾祺于武汉就地转入地方工作。组织上知道他教过中学，在历史博物馆工作过，让他先在武汉文教局参加接管，后来被派到汉口二女中（今武汉第十七中学，位于硚口区）任副教导主任。在昆明没当成中学训育主任，在武汉干了一年。

400　脱离部队后，供给制就改成了工资制。汪曾祺第一次领到薪水，去书店买了一套海绿轩本白绵纸三色套印的《昭明文选》。一尺多长，正文是黑色，注释是朱砂红和石绿。这个版本看起来不方便，但汪曾祺就是喜欢。

401　沈从文 7 月 16 日致信在香港的黄永玉，信中以汪曾祺为例，说"以曾祺性格，一入南下团，即只想永远随军"，鼓励黄永玉"随军或下工厂,一定可充分用其所长,好好参加这个大时代的第一步建设大路"。这封信后来发表在《大公报》上。

402——509

当了一回
右派

编《说说唱唱》，很得喝彩

402 1950 年 1 月，北京市文联《说说唱唱》创刊。杂志归 1949 年 10 月 15 日成立的大众文艺创作研究会领导，编辑部在霞公府楼上，用了两间日本人留下的房子。主编李伯钊、赵树理。李伯钊是杨尚昆夫人，新中国成立后任中共北京市文艺工作委员会书记。赵树理是从解放区来的资深革命作家，代表着"讲话"的方向。

403 1950 年 3 月，唐湜的评论集《意度集》由平原社出版，收入了作者评汪曾祺作品的长篇论文《虔诚的纳蕤思——谈汪曾祺的小说》。

404　5 月 28 日,北京市文学艺术工作者代表大会开幕,出席代表 363 人。老舍致开幕词,彭真、郭沫若、茅盾、周扬、丁玲等到会讲话。周恩来亲临大会。北京市文联成立,老舍任主席,李伯钊、赵树理任副主席。

405　夏天,汪曾祺回到北京,进《说说唱唱》杂志当了编辑部主任。当时在北京市文联工作的王松声也毕业于西南联大,他回忆道:有一天杨毓珉在大街上巧遇同窗汪曾祺,把他领到我的办公室介绍给我,并说汪曾祺也愿意来文联工作。我说,那好啊!杨毓珉把汪曾祺领到人事科,说松声同志已同意汪曾祺来文联工作了。原本也没当回事的汪曾祺,就这么简单地成了文联的一员。

406　赵树理的家眷到北京之前,他每天出去"打游击"吃饭。他常工作到很晚,晚上 10 点多钟出去吃夜宵。在旁边胡同卖夜宵摊子的长板凳上一坐,要一碗馄饨,两个烧饼夹猪头肉,喝二两酒。喝了酒,不立即回宿舍,坐在传达室,用两个指头当鼓箭,拿一张三屉桌子当鼓打——打上党梆子的鼓。

407　汪曾祺在《说说唱唱》工作时的同事曹菲亚回忆,编辑部在一间大屋子,汪曾祺和端木蕻良是主要的文学编辑,一些重要的稿件都由他们处理。汪曾祺不怎么说话。冬天,屋里冷,汪曾祺经常背靠暖气片,一言不发,抽烟想事。

408　　这个时期,汪曾祺结识了同在文联工作的木刻画家汪刃锋。《说说唱唱》编辑部与汪刃锋的画室只隔着端木的办公室,汪曾祺时常踱去与他聊天,看他作画。

409　　9 月 10 日,《北京文艺》创刊。老舍任主编,汪曾祺为编辑部总集稿人,即编辑部主任。

410　　9 月 17 日,北京市文联在长安大戏院举行联欢会,到会五六百人。文联主席老舍致辞,秘书长王亚平做会务报告。会后演出了歌、舞、剧等节目,老舍表演了单口相声,并唱太平歌词《开国纪念一周年》。

411　　9 月 18 日,文联召开诗歌朗诵座谈会。老舍担任座谈会主席,与会者有卞之琳、沙鸥、汪曾祺、徐迟、连阔如、杨振声、赵树理、端木蕻良、苏民、罗常培等人。

412　　为庆祝新中国成立一周年,中央人民政府 1950 年 10 月 3 日晚在中南海怀仁堂举行了歌舞晚会。西南各民族文工团、新疆军区政治部文工团、延边歌舞团、内蒙古文工团联合演出。毛泽东等中央领导参加了晚会,并邀民主人士柳亚子等一同观看。柳亚子应毛泽东之请,即席填词《浣溪沙》(火树银花不夜天),次日毛泽东以宣纸毛笔手书《浣溪沙·和柳亚子先生》(长夜难明赤县天)回赠。

413　10 月 6 日晚,中央人民政府政务院举行晚会,欢送将于 7 日起离京的全国战斗英雄代表和全国工农兵劳动模范代表。政务院总理周恩来莅会欢送,并发表了简短的讲话。来京参加国庆庆典的西南各民族文工团、新疆军区政治部文工团、延边歌舞团、内蒙古文工团联合表演了精彩的歌舞。汪曾祺也是这场晚会的观众之一。

414　因为参加 10 月 6 日的歌舞晚会,汪曾祺睡得很晚。第二天一天他都很兴奋,该睡午觉的时候睡不着——我们知道这一点,是因为汪曾祺利用午睡时间,给在上海的巴金写了一封信,信中说:"看了那个后记,都觉得很难过,看到您那么悲愤委屈,那么发泄出来……强烈极了,好些天都有那么个印象。……想着要给您写一封信,想问候问候您。"

415　汪曾祺如此激动地给巴金写信,是因为 10 月初,他在单位图书室翻阅巴金译的《六人》,看到巴金在《译者后记》中写道:"这本小书的翻译并不需要那么多的时间。事实上我执笔的时候并不多。我的时间大半被一个书店的编校工作占去了。不仅这三年,近十三年来我的大部分的光阴都消耗在这个纯义务性的工作上面。……想不到这工作反而成了我的罪名,两三个自以为很了解我的朋友这三

1950 年，黄永玉（右）到北京与沈从文相见

年中间就因为它不断地攻击我，麻烦我，剥夺我的有限的时间，甚至在外面造谣中伤我，说我企图霸占书店……。这本书的翻译就是在这种朋友的长期的折磨中进行着的。"

416　《说说唱唱》1950 年第 10、11 期连载安徽作家陈登科的《活人塘》。这篇稿子是汪曾祺从编辑部准备丢弃的废稿中找出，并提交主编赵树理的。陈登科文化程度不高，不会写的字就自己造。

手稿中有个字是"馬"字去掉四点,编辑们在一起"破译",后来是康濯猜出来了——"趴"。马没有四条腿,可不是趴下了?! 写信问陈登科,果然。

417 黄永玉于 1951 年 1 月 6 日在香港思豪酒店举办为期一周的第二次个人展览。1950 年 12 月 3 日,汪曾祺特意到沈从文家里,看了看半年前黄永玉为沈龙朱、沈虎雏画的肖像,第二天写了文章《寄到永玉的展览会上》,文末说:"我希望永玉的展览获得成功,希望永玉能带着他的画和才能,回到祖国来,更多的和更好的为这个时代,为人民服务。"

418 《人民日报》1951 年 1 月 26 日《读者来信》栏目刊出《华侨学生林爱梅感谢人民邮政工作者》一文,汪曾祺读后很受感动,循着线索访问。3 月 15 日,《北京文艺》发表了汪曾祺的特写《一个邮件的复活——访问北京邮电管理局无着邮件股》。这篇文章从未收入汪曾祺生前出版的任何作品集,但邮燕祥当时读到,一下子被抓住,40 多年一直不忘。

419 汪曾祺在单位与同事关系融洽,心情舒畅。《说说唱唱》《北京文艺》两刊每月有一点编辑费,都吃掉了。编委、编辑分批开向饭馆,几乎吃遍了北京有名的饭馆。预订包桌的时候很少,大都是临时点菜。"主点"的是老舍,亲笔写菜单的是王亚平。

寄到永玉的展览会上

· 汪曾祺 ·

十二月六日北京

《寄到永玉的展览会上》，发表于1951年1月7日香港《大公报》

420 老舍每年请两次客,把市文联的同仁约到家里。一次是菊花开的时候,赏菊;一次是老舍生日,腊月二十三。酒敞开供应,汾酒、竹叶青、伏特加,喝什么喝多少随意。菜都是老舍亲自掂配的北京风味。汪曾祺第一次在老舍家吃到芝麻酱炖黄花鱼,印象深刻的还有芥末墩,"老舍家的芥末墩是我吃过的最好吃的芥末墩!"

421 汪曾祺带着同事林斤澜到午门的历史博物馆见沈从文。这是林第一次见沈,他记得沈从文一直微笑着为他们解说文物,三人没一句话谈到文学。分别的时候,汪曾祺向老师大声交代:注意休息,有的会可以不开,有的事让别人去做……

422 为庆祝北京市解放两周年,北京人民艺术剧院于 1951 年 2 月 2 日首次上演老舍创作的话剧《龙须沟》。由周恩来推荐,《龙须沟》进入中南海怀仁堂为毛泽东演出。这也是新中国成立后,毛泽东在北京看的第一出话剧。

423 5 月 20 日,毛泽东为《人民日报》写的社论《应当重视电影〈武训传〉的讨论》发表。5 月 22 日,汪曾祺撰写的文艺评论《武训的错误》发表于《人民日报》。这篇批判文章是奉李伯钊之命而写,头天布置任务,第二天就要交稿,只好彻夜不眠,总算按时交工。

20世纪50年代，汪曾祺与儿子汪朗

424　6月2日，汪曾祺的儿子汪朗出生，由"万婴之母"、著名妇产科医生林巧稚接生。

425　北京市文联的同事邓友梅回忆，汪曾祺擅书法，《说说唱唱》编辑部信封上的刊名就是汪手书的，"他挺爱干这件事。颜体，欧体，柳体，三种各写一张。楷书、行书各写一行，请全编辑部民主挑选。人们评头论足，叫好的人不少，但没人因此称他书法家，更没人求他的字"。

426　汪曾祺家住在东单三条,单位在霞公府,上下班经过王府井。路边有个小酒铺卖羊尾巴油炒麻豆腐,下班路上他常拐进去吃一盘麻豆腐。汪曾祺请邓友梅去吃过,麻豆腐之外每人还要二两酒。他并不劝酒,只是指着麻豆腐对邓友梅说:"光吃麻豆腐太腻,要润润喉。"

427　老舍有一次在检查思想的生活会上说:"我在市文联只'怕'两个人,一个是端木,一个是汪曾祺。端木书读得比我多,学问比我大。今天听了他们的发言,我放心了。"

428　11 月 20 日,全国文联举行第八次常委扩大会议,通过两项决议:一、在北京文艺界组织整风学习;二、调整全国性的文艺刊物,加强《说说唱唱》,使其成为发表优秀通俗文学作品和指导全国通俗文艺工作的刊物。由此,《北京文艺》停刊,编辑人员与《说说唱唱》编辑部合并。《说说唱唱》随后由老舍担任主编,赵树理、李伯钊为副主编。

429　11 月,汪曾祺参加中国人民政治协商会议全国委员会土地改革工作团(简称"中央土改工作团")中南区第二十二团,赴江西进贤参加土改。该团共有成员 119 人,时任北大西语系教授的冯承植(冯至)任团长。工作团在进贤分为五个队,汪曾祺所在的第三队共21人。他后来回忆,"这个团的成员什么样的人都有。有大学教授、小学校长、中学教员、商业局的、园林局的、歌剧院的演员、教会医院的医生、护士长,还有这位静融(即净融)法师。浩浩荡荡,热热闹闹"。

430　　沈从文被分配到四川内江参加土改,逐渐摆脱了消沉情绪,12月初给在北京的儿子沈龙朱、沈虎雏写信,还挂念着汪曾祺:"在这里看北京报纸,说北京的几个文学刊物作了新的调整。老舍他们编的《北京文艺》已停刊,曾祺叔叔想必也参加了土改,是不是到西南来? 还看到报上说十二月尚有一批人派出来的,希望派到这里参观的有熟人……"

431　　12月23日,中共北京市委授予老舍"人民艺术家"称号和奖状。

432　　1952年汪曾祺在江西进贤参加土改,进驻夏家庄王家梁村。王家梁小组共三人,汪曾祺是小组长。组员一是刚从美国留学归国不久的女高音歌唱演员邹德华,一是嘉兴寺和尚净融法师。先后经过了划阶级、斗地主、分果实、参加劳动等环节,3月底工作结束,4月初回到北京。

433　净融法师参加工作团时穿的是僧衣，领导觉得影响不好，但净融不同意换装。后来还是小组长汪曾祺说服了净融，现买了一套蓝卡其布的干部服。汪曾祺回忆说："其实不是我的歪道理说服了他，而是我的态度较好，劝他一时从权，不像别的同志，用'组织性''纪律性'来压他。"

434　曾在北京市文联给老舍当秘书的作家葛翠琳回忆，有一次，人事科的女干事让她把一张宣传画贴在办公室里，上边是马雅可夫斯基的画像，愤怒的眼光，伸出手指问："你为前线做了什么？"这张宣传画才贴了半天，老作家们就让她取下来。汪曾祺看到这幅宣传画后只说了一句话："怎么把主席的办公室弄得像中学生宿舍？"

435　1952年5月下旬，黄永玉第三次在香港举办画展，展出木刻、铜版画、水彩画、油画若干。随后，香港《文汇报》《大公报》相继发表文章，对他的形式主义等艺术倾向进行批评。黄永玉写了《检查我这次的画展》，发表在8月17日《大公报》，检讨自己的"资产阶级艺术形式的倾向"。

436　1952年8月，汪曾祺的父亲汪菊生与张仲陶、许长生等高邮县城的个体医生联合，在城区珠湖镇成立私立第十六联合诊所。负责人为张仲陶。

437　　也是在 1952 年 8 月,新华社撤销外文翻译部,成立国际新闻编辑部,负责对外宣传报道工作。因外文干部不足,从大学中抽调一批人员加以充实。汪曾祺夫人施松卿从北京大学调入新华社国际新闻编辑部。

438　　1953 年 2 月,黄永玉携妻子张梅溪、儿子黑蛮离开香港回到北京,进入中央美术学院任教。

439　　1953 年 2 月 9 日,私立艺培戏曲学校由北京市政府接管,更名为北京市戏曲学校。梅兰芳任校董事会董事长,郝寿臣任校长。郝寿臣的就职讲稿由汪曾祺起草,大意是:旧社会艺人很苦。有人一辈子挣大钱,临了却冻饿而死。现在你们的条件好了,教戏有那么好的老师,应该感谢党,好好学戏。郝寿臣讲到这儿,情绪激动,把讲稿举起,另一只手指着讲稿:"他说得真对呀!"

440　　1953 年 4 月 21 日,汪曾祺的长女汪明出生。

441　　1953 年第 3 期《译文》杂志发表了苏联作家安东诺夫的短篇小说《在电车上》,汪曾祺读后很喜欢。有一次在文联大楼开完会遇到萧乾,汪曾祺问他:"这是不是意识流?"萧乾说:"是,但是我不敢说!"

442　《说说唱唱》1954 年 2 月号发表汪曾祺"试译"的《井底引银瓶》。这是白居易的一首叙事诗,对受封建礼俗迫害的私奔女子寄予了同情。

443　1954 年 6 月 12 日,黄永玉致信黄裳,提到汪曾祺,"曾祺常见面,编他的《说说唱唱》,很得喝彩"。6 月 26 日又给黄裳写信道:"曾祺有点相忘于江湖的意思,另一方面,工作得实在好,地道的干部姿态,因为时间少,工作忙,也想写东西,甚至写过半篇关于读齐老画的文章,没有想象力,没有'曾祺',他自己不满意,我看了也不满意,也就完了。我常去看他,纯粹地挂念他去看他,谈谈,喝喝茶抽抽烟(我抽烟了),这种时间颇短的。"

444　为了帮助黄永玉理解齐白石,汪曾祺以小说笔法写了一篇《一窝蜂》(已佚)。黄永玉向作家李辉描述了那篇文章的大概意思:"他没有见过齐白石,但用小说样子来写。清晨,老人听到窗户外面哐当响了一声,是有人掀开盖煤炉的盖子。老人起来,走到院子里,又拿来不同颜料调。红的,黄的。走到画案前,开始画藤萝,藤萝旁再画蜜蜂,一只蜂,两只蜂,简直是一窝蜂。"

445　1954 年 10 月,黄裳偕新婚妻子朱小燕到北京度蜜月,买书访友,见了汪曾祺。40 多年后,黄裳回忆:"1954 年与妻去京,才匆

匆见了一面,不记得在一起喝酒了没有。他在编《说说唱唱》,颇有点
落魄的样子。"

剧本得了一等奖

446 1954 年 12 月 11 日,汪曾祺参加中国作家协会在青年宫举办的纪念吴敬梓逝世 200 周年会议。茅盾主持会议,何其芳做报告《吴敬梓的小说〈儒林外史〉》。文艺界人士及外宾 800 多人出席。

447 1954 年,汪曾祺根据王亚平的建议,从《儒林外史》中找题材,创作了京剧剧本《范进中举》。这是他的第一部戏剧作品。老舍看了初稿,曾在酒后对汪曾祺说:"你那个剧本——没戏!"他认为汪曾祺的剧本缺乏戏剧性。

448　《范进中举》在文化局戏剧科的抽屉里压了很长时间,后由戏曲指导委员会剧目组的袁韵宜推荐给北京市副市长王昆仑,得到王的肯定,介绍给奚啸伯演出了。这个戏在北京市戏曲会演中得了剧本一等奖。

449　1957 年 3 月 9 日,黄永玉致信黄裳,谈到汪曾祺写的《范进中举》:"曾祺兄写了一个范进中举京戏,我对京戏是外行,但觉得写得很高雅妥帖,您是行家,可能要求严一些,未必像我的意思一样,很想听听你的意见。据说这剧本评选时得头奖,又得了奖金若干云云。"

450　1954 年 12 月 31 日,汪曾祺的小女儿汪朝出生。三个子女的名字,都带"月"字旁。

451　1955 年 2 月,汪曾祺从北京市文联调到中国民间文艺研究会工作,参与筹办《民间文学》,工资从文艺六级升为文艺四级,每月 180 多元。汪曾祺对儿女讲过,这次调动是因为全国文联某负责人的动议,想让他来编《民间文学》,许以涨工资一级,他拒绝了,说留在北京市文联也可以涨一级工资,那位负责人说那就涨两级。汪曾祺于是同意调动。

20 世纪 50 年代后期,汪曾祺(左五)与中国民间文艺研究会的同事合影

452 1955 年 3 月,《说说唱唱》杂志停刊。

453 1955 年 4 月 23 日,《民间文学》创刊,编辑者为中国民间
文艺研究会,由通俗读物出版社出版。汪曾祺名列编委。

454 1955 年 4 月,《北京文艺》重新创刊,老舍担任主编。老
舍在《发刊词》中写道:"我们的主要读者对象是工人。但是,工人也

关切着农业、国防和文化教育等等现实生活。所以，我们所选用的作品，在内容上注重描写工人，而不只限于描写工人。同时，在文字上既力求通俗易读，一般工人能看懂的，有同等文化的农民、战士、学生、干部们自然也能看得懂。"

455　1955 年 5 月—6 月，《人民日报》连续发表了三批《关于胡风反革命集团的材料》。毛泽东给这些材料写了"序言"和"编者按语"。在揭发、批判胡风反革命集团的同时，全国展开肃反运动。

456　《民间文学》1955 年 6 月号（总第 3 期）辟出《彻底揭露和清算胡风反革命集团的罪行》专栏，刊发了 12 篇批判文章。

457　1955 年 7 月，在肃反审干运动中，单位人事部门抓住汪曾祺 1936 年被吸收进"复兴社"的问题不放，使他十分苦恼。后来终于做出结论，属一般历史问题。

458　1955 年 7 月，汪曾祺参与整理的《程咬金卖柴筢》（评书《隋唐》的一节）由北京宝文堂书店出版，署"陈荫荣 说　金受申 记汪曾祺 姚锦 金受申 整理"。

459　1956 年 3 月，沈从文遵从上级布置，撰写了万余字的《沈从文自传》，谈及自己在西南联大的学生，列举了吕德申、汪曾祺、王忠、姚殿芳、诸有琼、陈柏生、杜运燮、朱德熙、李荣、金隄、赵全章等。
这十数人，也是沈从文后半生联系较密切的学生。

460　　1956 年 3 月，老舍应北京京剧团之邀，将古典剧本《十五
贯》改编为京剧，由马连良、裘盛戎等出演。5 月 17 日，浙江昆剧团赴
京演出昆剧《十五贯》，受到热烈欢迎。毛泽东指示：《十五贯》是个
好戏，全国各剧种有条件的都要演《十五贯》。次日，《人民日报》发
表社论《从"一出戏救活了一个剧种"谈起》。

461　　《北京文艺》1956 年 6 月号发表了汪曾祺的戏剧评论《且
说过于执》，评浙江昆剧团整理演出的昆剧《十五贯》。

462　　1956 年 9 月 15 日至 27 日，中国共产党第八次全国代表
大会召开，《关于政治报告的决议》提出繁荣科学和艺术必须坚持
"百花齐放，百家争鸣"的方针。《民间文学》1956 年 8 月号发表社论
《民间文学需要百花齐放、百家争鸣》。

463　　《民间文学》1956 年 8 月号发表邓友梅整理的《彝族民歌
选辑》，是汪曾祺向他组的稿。邓友梅回忆，自己写的序言又臭又长，
汪曾祺帮他做了删改，"也许是有意嘉奖，曾祺寄来稿酬超过百元！
是我 50 年代拿得最多的一次稿费"。

464　　1956 年 9 月,汪曾祺作文艺评论《鲁迅对于民间文学的一些基本看法》,发表于《民间文学》1956 年 10 月号。文中提到鲁迅的《故事新编》:"《故事新编》有许多借题发挥的情节,但是除去这些之外,还是忠实于原来的传说和史料,并且发挥出原材料的精神的;用鲁迅先生自己的说法,就是'没有把古人写得更死'。"

465　　1956 年,汪家经营的万全堂药店,与高邮县大德昌、长春堂、天生堂、仁德生、全生堂、万全堂、福寿堂等共 8 家私营中药店,组建公私合营的国药商店。

466　　1956 年 10 月,汪曾祺的四妹汪丽纹与医生金家渝结婚。

467　　1956 年 11 月 21 日—12 月 1 日,中国作家协会在北京召开文学期刊编辑工作会议,讨论如何正确地在文学刊物上贯彻"双百"方针,全国 64 家文学期刊的主要编辑 90 多人参会。汪曾祺在会上做了发言。与会者之一涂光群时任《人民文学》编辑,他回忆汪曾祺的发言"见解不凡,编辑水平很不一般"。从发言中大家才知道,南京青年作家方之的成名短篇《在泉边》是汪曾祺从来稿中发现并予以发表的。

468　　1957 年 3 月 26 日,中国民间文艺研究会召开"在京民间文学专家座谈会",郑振铎、钟敬文、黄芝冈、容肇祖、常惠、吴晓铃、杨成志、于道泉、罗致平、贾芝等 20 余人出席。汪曾祺参加了座谈会，《民间文学》5 月号做了会议报道。

补划成右派

469　　1957 年 4 月 27 日,中共中央发出关于整风运动的指示,要求在全党重新进行一次普遍的、深入的反官僚主义、反宗派主义、反主观主义的整风运动,以适应社会主义改造和社会主义建设的需要。

470　　1957 年 5 月—6 月,中共中央统战部召开了 13 次各民主党派负责人和无党派人士座谈会,征求对党的工作的意见。同时,各级党政机关、群众团体及教育、科技、文艺、新闻、出版、卫生等各界纷纷召开座谈会,向党员、干部、群众征询意见。

471　在"大鸣大放"中,中国民间文艺研究会有关人士一再动员汪曾祺向党组织提意见。汪曾祺觉得不配合也不好,就写了一篇短文《惶惑》发在单位的黑板报上。文中提到群众对人事工作意见颇多,人事部门几乎成为"怨府"。结尾说:"我爱我的国家,并且也爱党,否则我就会坐到树下去抽烟,去看天上的云。"这篇文章后来成为他的右派罪证之一。

472　1957年5月下旬至6月上旬,中国作家协会党组先后召开了4次党外作家、翻译家座谈会和一次理论批评家座谈会。中国作家协会所属的各刊物编辑部及所属的各单位召开了整风会议。在座谈会上,汪曾祺呼吁重新研究、正确对待沈从文。《文艺报》发表的文章中有他的发言摘要:写文学史是个复杂的工作,已出版的几本,都有教条主义,往往以作家的政治身份来估价作品。对沈从文先生的估价是不足的,他在30年代写了三四篇同情共产党人受迫害的文章,他的情况很复杂,不能简单对待,应该重新研究。

473　《民间文学》1957年6月号发表了李清泉的《孟姜女的故事》。李清泉后来主编《北京文学》,是《受戒》的责任编辑。

474　汪曾祺的新诗《早春》(习作),包括《彩旗》《杏花》《早春》《黄昏》《火车》五题,经徐迟编发,刊于《诗刊》1957年6月号。

诗人邵燕祥在汪曾祺逝世后说,只凭"当风的彩旗,像一片被缚住的波浪"这两句,汪曾祺就算得上真正的诗人。

475 　　刘锡诚 1957 年从北京大学俄罗斯语言文学系毕业,分配到《民间文学》工作。汪曾祺发表过刘锡诚在大学期间的投稿,故刘视汪为师。刘锡诚后来回忆,汪曾祺那时年仅 37 岁,几乎整天坐在办公室里吞云吐雾,伏案秉笔,不是改稿编刊,就是写东西,都是用毛笔,行书小楷,清秀而透着灵气。写完一张稿纸,总是团成一团,扔进身边的纸篓或麻袋里,废稿堆成了一个个小山。

476 　　1957 年 11 月,中国民间文艺研究会连续召开三次会议,揭露和批判右派分子钟敬文"反党反社会主义的罪行"。民研会部分理事、《民间文学》编委、民研会全体工作人员、北师大民间文学专业师生等 40 余人出席。

477 　　1958 年 3 月 22 日,毛泽东在成都会议讲话中提倡搜集民歌,指出:"中国诗的出路,第一条民歌,第二条古典,在这个基础上产生出新诗来,形式是民歌的,内容应是现实主义和浪漫主义的对立的统一。太现实了就不能写诗了。"

478 　　1958 年 4 月 14 日,《民间文学》编辑部访问郭沫若,郭沫若就对民歌搜集的看法、民歌搜集对繁荣创作和创立民族风格的作用、民间文学的价值、忠实记录与加工润色的关系、新歌谣等问题答问。5 月 23 日出版的《民间文学》1958 年第 5 期发表了答问实录。

479 1958 年春,汪曾祺随领导和几个同志赴河南林县调查民歌,来去都是软席卧铺,汪曾祺才知道自己已经可以享受"高干"待遇。第一次坐软卧,他心中很不安。一行人先到洛阳,吃了黄河鲤鱼,又到林县红旗渠看了两三天。

480 1958 年 4 月 29 日,汪曾祺一行参观英雄渠工程,遇见在县城就听说过名字的林县河涧镇豆村人、57 岁的农民泥水工路永修,听他即兴说快板。当天晚上,又约他在河涧镇金星合作社俱乐部谈话、听快板。后《民间文学》1958 年 6 月号刊出汪曾祺《关于"路永修快板抄"》(署笔名曾著)及《路永修快板抄》(共 6 首,署张生一收集、曾著辑注)。

481 1958 年端午节前后,汪曾祺的大妹汪晓纹因阑尾炎导致腹膜炎病逝,终年 37 岁。

482 1958 年 7 月,中国民间文学工作者代表大会在北京召开,确定了"全面搜集,重点整理,大力推广,加强研究"的工作方针。选举郭沫若为中国民间文艺研究会主席,周扬、老舍、郑振铎为副主席。会议决定编写各兄弟民族的文学史或文学概论。会议期间,举办了民间文学展览会。《人民日报》为此发表社论《加强民间文艺工作》。

483 　　汪曾祺有个同学王士菁,是人民文学出版社鲁编室副主任。1958 年 7 月 3 日,汪曾祺给王士菁寄去周作人的"童谣研究手稿",并附一信。此稿由贾芝推荐,希望《民间文学》杂志连载,汪曾祺认为不合适,转发给王士菁,信中说:"这些儿歌有一般的民间文学的意义,更重要的意义恐怕仍在这是鲁迅所熟知,其中有一些是鲁迅小时候唱过的,可以作为研究鲁迅的一种参考资料。因此,我们觉得你们是否可约周写一篇'鲁迅小时唱过的儿歌'这样的文章,而将这些歌谣作为附录? 这个动议未必可行,请你们斟酌。"

484 　　1958 年夏某日,汪曾祺照常去上班,一上楼梯,突然发现过道里贴满了围攻自己的大字报,措辞激烈,称要拔掉编辑部的"白旗",且已出现右派字样。

485 　　事情一开端,接着就是多次批判会,全单位所有人一一发言,罗列汪的各种"罪状"。最终结论下来:定为一般右派,下放农村劳动。汪曾祺被打成右派之后,撤销职务,连降三级,工资从 180元骤减到 105 元。

486 　　汪曾祺后来在小说《寂寞和温暖》里写沈沅被划为右派

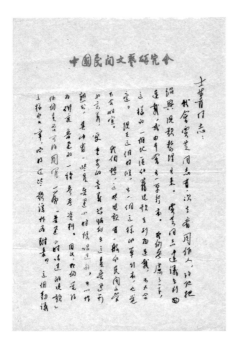

1958 年 7 月 3 日汪曾祺致王士菁书信

后"带着一种奇怪的微笑",这是他自己的经历。划为右派当天,汪曾祺回到家里,对施松卿说"定成右派了",脸上就是带着这种奇怪的微笑。他后来说,"我也不知道我为什么要笑"。

487 《诗刊》1958 年第 8 期发表《读者对去年本刊部分作品的意见》,点名批评穆旦的《葬歌》,已经划为右派分子的艾青、陈梦家、公刘、邵燕祥等人的诗作,文中涉及《诗刊》1957 年 6 月号刊发的汪曾祺《早春》一诗:"北京测绘局赵洪端同志来信,他认为:这是一篇

非常恶劣的作品。表现了作者对新中国春天的阴暗情绪,在作者笔
下看不到春天的美丽的景色,更看不到社会主义成就有如春天一样
的光芒万丈照耀与降福于人民,所看到的只是对新中国春天景物(彩
旗、杏花、黄昏、火车)一句句哀伤紊乱的调子。"

488 　汪曾祺被打成右派后,有一天,有人打电话到单位找汪
曾祺,"接电话的人问,谁? 干什么? 我说我是他的朋友黄永玉,请他
今天晚上来我家里吃饭。半年后,他见到我,说你真大胆。原来那天
他正在挨批判"。

489 　汪曾祺被打成右派后,安排在北京劳动了一段时间。先
在十三陵修水库,劳动强度很大;又赴西山八大处劳动,劳动内容之
一是为出口大葱装箱;最后二十多天则是在西山刨坑种树。

490 　1958 年年底,汪曾祺下放张家口沙岭子农业科学研究所
劳动。行前,与施松卿、汪朗一起到前门买下乡用品(牙刷、牙膏、内
联升布鞋等),最后剩下 80 多元钱,施松卿挑了一块苏联表给汪曾祺
戴上,说:"你放心走吧,下去好好劳动。"

491 　汪曾祺下乡的当天,施松卿在参加新华社的军事化训练,
不能请假回来送行。汪曾祺给妻子留了一张纸条:"等我五年,等我
改造好了回来。"

张家口的老汪

492 汪曾祺赴张家口劳动不久,在北京的汪家人离开一直居住的河泊厂寓所,搬到宣武门西侧的国会街 5 号新华社宿舍一个四合院的门房,只有七八平方米,黑乎乎的,白天也要点灯。里面只能放下一张双人床,一个五斗柜。每逢周末,汪明、汪朝从幼儿园回家,在床边架上两块木板,四个人挨挨挤挤地贴在一起睡。

493 1958 年 9 月,汪朗在崇文区河泊厂小学入学,后来因为搬家,转学到西城区石驸马一小。这时他刚学会汉语拼音,就用拼音给父亲写信;汪曾祺在张家口也赶紧学拼音,好给儿子回信。为什么不用汉字,让妈妈念呢? 大概是用拼音写信像蹲下来跟孩子说话,意味着一个平等的世界。

494   1959 年春节前夕,汪曾祺从张家口给高邮家里汇了 16 元钱。父亲汪菊生感到不解,说:有困难就不要寄吧,从来没有寄过这零碎的数字。弟弟妹妹们从汪曾祺的来信中得知,16 元是刚发到手的烤火费。他在沙岭子劳动,睡通铺大炕,无须交烤火费,就把钱寄回家了。

495   1959 年 3 月—4 月,第二届全国人民代表大会召开,刘少奇当选为中华人民共和国主席。毛泽东不再担任此职务。在农科所的传达会上,汪曾祺语出惊人:"毛主席是不是犯了错误哟?!"四座为之失色。好在农科所领导只是说:"大家的认识要统一到党指示的思路上来!"后来,在"劳动锻炼"成员小组学习会上,汪曾祺自责说:"我这个人就是有这个难改的坏毛病:浮躁!"

496   1959 年 4 月 22 日(农历三月十五),汪曾祺的父亲汪菊生因肺心病去世,享年 63 岁。家人将电报打到张家口,过了一段时间农科所的领导才把消息告诉汪曾祺。汪曾祺闻讯痛哭流涕。当时也不可能批准一个右派回家奔丧。

497   下放到张家口劳动以后,汪曾祺干过大部分农活,能够扛起 170 斤重的一麻袋粮食,稳稳走上 45 度坡的"高跳"。

498　　后来汪曾祺基本上固定在果园上班。他最常干的活儿是给果树喷波尔多液。"喷波尔多液是个细致活。不能喷得太少,太少了不起作用;不能太多,太多了果树叶子挂不住,流了。叶面、叶背都得喷到。"许多工人没这个耐心,于是喷波尔多液的工作大部分落在汪曾祺头上,他成了喷波尔多液的能手。喷波尔多液次数多了,几件白衬衫都变成了浅蓝色。

499　　1959 年 9 月 16 日,中共中央、国务院发出《关于确实表现改好了的右派分子的处理问题的决定》,指出"凡是已经改恶从善,并在言论和行动上表现出确实是改好了的右派分子,对于这些人,今后不再当作资产阶级右派分子看待,即摘掉他们的右派帽子"。

500　　1959 年年底,农科所工人组长和部分干部对同时下放来的几个人进行鉴定。工人组长认为"老汪干活不藏奸,和群众关系好","人性"不错,可以摘掉右派帽子。所领导则考虑他下放才一年,时间太短,再等等。

501　　1960 年 1 月 27 日,大年除夕,沙岭子闹社火,几个年轻的女工要去跑旱船,汪曾祺用油底浅妆把她们一个个打扮得如花似玉,轰动一堡。汪曾祺还和几个职工合演了戏。演完连妆都没卸干净,就上了火车回北京过春节。这是他到沙岭子劳动改造以来,第一次回北京与家人团聚。

502　　1960 年 8 月,汪曾祺交了一份思想总结之后,党组织决定为他摘掉右派帽子,并分配到政治力量坚强的部门做适当工作。组织鉴定意见中说:"(汪)有决心放弃反动立场,自觉向人民低头认罪,思想上基本解决问题,表现心服口服。"但汪曾祺原单位中国民间文艺研究会无接收之意,他只好暂留农科所协助工作。

503　　1960 年 8 月下旬,汪曾祺承担了绘制《中国马铃薯图谱》的任务,工作地点在农科所下属位于沽源的马铃薯研究站。这些画马铃薯的日子很惬意,汪曾祺后来多次回忆,"既不开会,也不学习,也没人领导我。就我自己,每天一早蹚着露水,掐两丛马铃薯的花,两把叶子,插在玻璃杯里,对着它一笔一笔地画。上午画花,下午画叶子——花到下午就蔫了。到马铃薯陆续成熟时,就画薯块,画完了,就把薯块放到牛粪火里烤熟了,吃掉"。

504　　沽源是清代的军台,汪曾祺在沽源画马铃薯,可以说是"发往军台效力",于是他用画马铃薯的红颜色在带去的一本《梦溪笔谈》扉页上画了一方图章:效力军台。

505　　1960 年年底,汪曾祺回北京过春节,给家人带了张家口

1961 年，汪曾祺与沈从文先生在北京中山公园

的特产口蘑、马铃薯，还有孩子们没见过的黄油。到家当天，汪曾祺由长女汪明带领到幼儿园接小女儿汪朝放学，"回家的路上，爸背着汪朝，连蹦带跳地走，还发出阵阵怪叫，汪朝哈哈哈地笑起来，爸爸好得意"。

506　　1961 年 1 月 5 日，沈从文因病住进北京阜外医院。1 月 15 日汪曾祺写信给沈，2 月 2 日沈从文回了 12 页的长信，热情鼓励："一句话，你能有机会写，就还是写下去吧，工作如作得扎实，后来人会感谢你的！……你能写点记点什么，就抓时间搞搞吧。至少还有

1961 年，汪曾祺一家在北京中山公园

两个读者，那就是你说的公公婆婆。事实上还有永玉！三人为众，也
应当算是有了群众！"

507　三年困难时期，17 级干部发黄豆、白糖，叫"糖豆干部"。
汪曾祺用在张家口自己采摘晒干的口蘑代替笋干做笋豆，除了自己
吃，还送人。送过黄永玉，黄永玉的儿子黑蛮吃了，在日记里写道：
"黄豆是不好吃的东西，汪伯伯却能把它做得很好吃，汪伯伯很伟
大！"

508　为了给孩子们补充营养，施松卿买了一只羊，雇人喂养，

定期取新鲜羊奶,嘱咐孩子们不要说出去。后来到"文革"时,施松卿为此做了"斗私批修"的检查,反省自己的"剥削阶级"思想。

509 1961 年 11 月 25 日,汪曾祺完成短篇小说《羊舍一夕》(又名《四个孩子和一个夜晚》),呈给沈从文和时任《人民文学》编辑的张兆和看。第二年春天,《羊舍一夕》到了《人民文学》编辑部,极受重视,《人民文学》第 6 期以显著位置发表。

汪曾祺的小说《羊舍一夕》发表于《人民文学》1962 年第 6 期

510 —— 654

从
《羊舍一夕》
到
《沙家浜》

《羊舍的夜晚》稿费乃最高标准

510　　朋友们都在想办法帮汪曾祺调回北京，但原单位中国民间文艺研究会拒不接收。后来汪的同事刘锡诚回忆："传来的消息说，虽经老舍先生的极力保举，当时原单位的领导人，却仍然拒绝接收汪曾祺回原单位工作。……即使在那样的年代，我们一帮年轻人都对那位胸怀狭窄的领导人表示不满。"1961年年底，费尽周折，汪曾祺终于回到北京，到北京京剧团当了编剧。杨毓珉接受陈徒手采访时回忆："那时他信中告诉我已摘帽，我就想把他弄回来。跟团里一说，党委书记薛恩厚、副团长肖甲都同意。又去找人事局，局长孙房山是个戏迷，业余喜欢写京剧本。他知道汪曾祺，就一口答应下来,曾祺就这样到团里当了专职编剧。"

511　1962 年春节前,黄永玉送来一幅木刻门神,汪曾祺十分欣赏。汪明回忆:"我们七手八脚地把家里那扇油漆皲裂的门擦了又擦,爸高高兴兴地把门神贴在上面,家里一下子有了'年'的气氛。门神贴好了,爸抱着胳膊,眯着眼欣赏,一个劲地说:'刻得真棒!'看够了,就手舞足蹈地唱:门神门神骑红马,贴在门上守住家。门神门神扛大刀,大鬼小鬼进不来! 我们扯着嗓子跟爸一起唱:哎——进呀进不来!"

512　1962 年年初,汪曾祺创作了剧本《王昭君》,团里确定张君秋主演。3 月,张君秋到武汉演出一个多月,汪曾祺随同。汪曾祺后来写文章回忆张君秋,说他嗓子得天独厚,甜、圆、宽、润,发声极其科学。他这派非常能吃,吃饱了才能唱。演《玉堂春》,已经化好了装,还来 40 个饺子。前面崇公道高叫一声:"苏三走动啊——"他一抹嘴,"苦哇——"就上去了。汪曾祺 1962 年给黄裳的信里说,张君秋喜欢演情节戏,而自己的剧本缺少情节,所以不大对路。好在汪是"公家人",不用听角儿的。

513　1962 年 4 月 10 日,汪曾祺从汉口回北京。行前致信黄裳,谈剧本《王昭君》,对近来围绕昭君出塞故事进行争鸣的周建人、翦伯赞、侯外庐的观点提出自己的看法。黄裳晚年回忆这次书信探讨王昭君,说:"我固持鲁迅翁之见,以为靠女人安邦睦邻,实无耻之尤。
曾祺则持翦伯赞观点。"

514　　《王昭君》后改由李世济出演。汪朗记得是在广和剧场演
出的,汪曾祺把家人都动员去看戏。孩子们听不懂戏词,只觉得服装
漂亮,尤其是王昭君穿上匈奴的衣服,帽子两边垂着长穗,觉得挺好
玩。汪曾祺很兴奋,自己在玻璃纸上用工整的小楷抄出唱词、道白,
上演时打出幻灯字幕,颇受好评。

515　　1962 年 5 月 20 日,汪曾祺写成小说《王全》,刊于《人民文
学》1962 年第 12 期。《羊舍一夕》《王全》发表后,中国少年儿童出版
社找到汪曾祺,建议他再写几篇,出一个集子。汪曾祺起初未答应,
说自己的东西孩子们看不懂,而且也没什么好写的了。编辑不甘心,
三番五次登门约稿,汪曾祺才答应,7 月又赶写出《看水》,凑成了一
个 4 万字的小说集。

516　　1962 年 10 月 15 日,沈从文致信程应镠称赞《羊舍一夕》,
说"大家都承认'好'。值得看看",又为汪曾祺鸣不平:"人太老实
了,曾在北京市文联主席'语言艺术大师'老舍先生手下工作数年,竟
像什么也不会写过了几年。长处从未被大师发现过。事实上文字准
确有深度,可比一些打哈哈的人物强得多。现在快四十了,他的同学
朱德熙已作了北大老教授,李荣已作了科学院老研究员,曾祺呢,才

起始被发现。我总觉得对他应抱歉,因为起始是我赞成他写文章,其次是反右时,可能在我的'落后非落后'说了几句不得体的话。但是这一切已成'过去'了,现在又凡事重新开始。"

517　黄永玉应邀为汪曾祺《羊舍的夜晚》作木刻插图,1962年11月14日给黄裳写信道:"林风眠先生的文章没时间写,对这位老人的作品评价可不是玩儿,随便写,就显得很不尊重了。估计十天至十五天我还要刻一批小东西,是急活,是大师汪曾祺文集的插画。"

518　1962年12月5日、14日、15日,河北省石家庄专区京剧团在上海大众剧院演出《范进中举》,奚啸伯主演,用的是奚嘱弟子欧阳中石修改过的本子。汪曾祺在稍后写给黄裳的信中说:"'听'说他对原著'整理、加工、提高'了……,不知'高'到如何境地也!"

519　1962年年底,汪曾祺以一星期之力完成剧本《凌烟阁》(已佚)。汪朗说父亲写这个剧本"是出于某种自我反省":"他认为,自己就是心存傲气,没有与党同心同德,因而成了'右派'。他想借凌烟阁功臣谱中有过一席之地的侯君集的大起大落,告诫人们,为人一定要谨慎,不能与'当今'闹独立性,否则不会有好下场。现在看来,这种认识自然有些好笑,但是当时他确实是很认真的。"

520　1962年年底,黄裳写成小说《鸳湖记》,先给吴晗看过,又让黄永玉和潘际坰转给汪曾祺看。汪曾祺针对"开头过于纡缓"和部分标点问题提了一些意见，希望"还是尽量写得简短一些。这可能是我的偏见，我是只能写短篇，并且也只读短篇的"。

521　　1962 年，老舍曾在某个场合说："在北京的作家中，今后有两个人也许会写出一点东西，一个是汪曾祺，一个是林斤澜。"

522　　《羊舍的夜晚》1963 年 1 月由中国少年儿童出版社出版。出版社给了千字 22 元的最高稿酬标准，和郭沫若、老舍一样。稿酬总共 800 余元，汪曾祺问家人："怎么会这样呢？"这笔钱，从 1963 年直到 80 年代初期，一直是汪家最大的一笔积蓄。

523　　次年，汪曾祺西南联大时期的朋友、在南京大学教法语的徐知免买到《羊舍的夜晚》，十分喜欢。他说："在这本书里我发现了一个无论在思路上还是在语言上与以前不同的汪曾祺。"

524　　小说家姚雪垠夸过《羊舍一夕》。黄永玉晚年回忆："解放后，我一直对朋友鼓吹三样事，汪曾祺的文章、陆志庠的画、凤凰的风景，人都不信。"因为听说姚雪垠讲过汪曾祺的好话，他颇高兴："世上到底也有人懂得曾祺了。算是对姚有点好感。"

525　　姚雪垠可能因读《羊舍的夜晚》而对黄永玉的插图印象深

《羊舍的夜晚》，中国少年儿童出版社
1963 年 1 月第 1 版

刻,后来他的长篇历史小说《李自成》出版前,曾托荒芜来请黄永玉作
插图。这事没成。

526　《羊舍的夜晚》出版后,汪曾祺送过几个老朋友,其中包
括语言学家李荣。后来,李荣把书寄了回来,他把书中的错别字一一
标了出来,如"铁铣"改为"铁锨","铮亮"改为"锃亮","淌水"改为
"趟水"等。后来结集再收这几篇小说,汪曾祺全盘照改。

527　　不久,李荣写了一封信向汪曾祺借钱。李荣在中国社会科学院语言研究所工作,孩子多、家累重,生活困难。汪曾祺就把几乎一个月的工资全都寄给了他(汪当时的工资是 105 元)。20 年后,李荣才一分不差地还上了这笔钱。

奉命改编《芦荡火种》

528 1963 年 10 月,北京京剧团奉命将《芦荡火种》改编为京剧。这就是日后著名的《沙家浜》。故事的原本,是崔左夫的纪实文学《血染着的姓名——三十六个伤病员的斗争纪实》,1959 年由文牧执笔改编为沪剧《碧水红旗》,上海沪剧团 1960 年 11 月 27 日首演时定名《芦荡火种》,反响很大。

529 改编《芦荡火种》的任务落实到肖甲、汪曾祺、杨毓珉身上。他们进驻颐和园龙王庙,10 天时间拿出第一稿,突出地下斗争,改名为《地下联络员》。其中主要场次如《智斗》《授计》都是汪曾祺

《芦荡火种》，中国戏剧出版社 1964 年 6 月第 1 版

手笔。

530 1963 年年底，在林默涵建议下，上海沪剧团到北京交流
演出沪剧《芦荡火种》，随后两团展开"兵对兵，将对将"式的学习交
流——汪曾祺等四位编剧结对文牧、杨文龙，切磋剧本。最有艺术光
彩的几个唱段，如《智斗》一场中阿庆嫂和刁德一的对唱，都在这一轮
修改中产生。

531　1963 年年底,汪曾祺再次受命,要将上海的成功话剧《杜鹃山》改编为京剧。剧组赴天津观摩学习《杜鹃山》,汪曾祺第一次近距离、长时间接触了名净(即著名花脸)裘盛戎。裘盛戎是清末名净裘桂仙之子,裘派艺术创始人,也是北京京剧团奠基人之一。两人日后成为知交。

532　1964 年 3 月 11 日,北京市市长彭真、中宣部副部长林默涵等观看了京剧《芦荡火种》彩排,非常满意,当即批准公演。4 月 10 日,李富春等三位副总理及各省市负责财务的书记观摩《芦荡火种》,一致认为"出色",李富春甚至说:"这么多现代戏,还是《芦荡火种》成功。"

533　1964 年 4 月 27 日,京剧《芦荡火种》剧组进中南海演出,刘少奇、周恩来、朱德、邓小平、董必武、陈毅、陆定一等领导人观看演出后,接见了全体演职人员,对作品给予很高评价。

534　有一次,汪曾祺亲自听到周恩来总理在布置完工作的时候,加了一句"可不要'人一走,茶就凉'啊!"这正是《沙家浜》里的经典唱词,汪曾祺原创。

535　1964 年 6 月 5 日,京剧现代戏观摩演出大会在人民大会堂举行开幕式,来自全国各地的五千多名戏曲工作者出席,文化部副部长齐燕铭主持会议,文化部部长茅盾致开幕词,国务院副总理陆定一致贺词。《芦荡火种》参加第一轮演出。

536　　语言学家郑林曦在 1964 年 6 月 7 日《人民日报》的《论语说文》专栏发表《喜听京剧唱京音》,对《芦荡火种》不用传统京剧腔,而是用北京音唱念大加赞扬;7 月 31 日又发表《戏词通俗是京剧的本色》,提倡京剧戏词通俗一些,作者说,《芦荡火种》中“智斗”等唱段能够迅速传唱,“不能不归功于戏词编得通俗好懂而且优美感人”。

537　　1964 年 6 月,《芦荡火种》剧本由中国戏剧出版社出版,先后两次印刷共 25000 册。剧本署名是“汪曾祺 杨毓珉 肖甲 薛恩厚改编(根据文牧编同名沪剧改编)”。署名顺序是当时北京京剧团副团长、文化部艺术局剧目组副组长肖甲确定的,他多年后解释:汪曾祺是主要改编者,所以排第一。(强调这一点,是因为《沙家浜》的版权官司,给汪曾祺晚年造成很大困扰。)

538　　沈从文在 1964 年 7 月 24 日、25 日给程应镠的两封信里,都提到汪曾祺改编《芦荡火种》在文字上的成就。25 日信中特别指出:“同时上演剧本不下廿种,似乎还少有能达到汪作水平。可知剧改由笔下较好作家(甚至于由第一流作家)来参预是极合理的。因为观众多,阶层广泛,改得好,教育意义也大!”程应镠是西南联大 1940

年毕业生,时为上海师范学院历史系教授。

539　　1964 年 9 月,北京市文化局局长张梦庚来到北京京剧团,传达彭真从北戴河带回的毛泽东修改意见:要突出武装斗争的作用,强调武装的革命消灭武装的反革命,戏的结尾要正面打进去。加强军民关系的戏,加强正面人物的音乐形象;剧名改为《沙家浜》为好。针对改名建议,毛泽东做了这样的解释:"芦荡里都是水,革命火种怎么能燎原呢? 再说那时抗日革命形势已经不是火种,而是火焰了嘛。"汪曾祺后来说:"毛主席的意见都是有道理的,'态度'也很好,并不强加于人。"

540　　1965 年 2 月 17 日,经修改重排,《芦荡火种》改名为《沙家浜》,开始在北京公演。

541　　1964 年冬,汪曾祺同薛恩厚、阎肃到中南海参加关于《红岩》改编的座谈会,这是汪曾祺第一次见江青,在座的还有罗广斌、杨益言、林默涵、袁水拍。汪曾祺没有发言,只是坐在沙发里听着,心里有些惶恐,只记住了江青跟罗广斌说的一句话:"将来剧本写成了,小说也可以按照戏来改。"

542　　1965 年初春,汪曾祺同罗广斌、杨益言、阎肃、杨毓珉等在颐和园藻鉴堂创作《红岩》剧本。藻鉴堂环境幽静,装修设施现代。

他们白天讨论、写作,傍晚绕颐和园闲逛,汪曾祺十分享受此间生活,
只有一点让汪曾祺有点受不了:新鲜蔬菜少,总吃炒回锅猪头肉。

543   1965 年 3 月,根据江青指示,《红岩》创作组赴重庆体验
生活,上华蓥山,集体关进渣滓洞一星期。先是经历"牢狱生活",天
天被"审讯",汪曾祺后来回忆说"如同儿戏"。随后住进北温泉的数
帆楼改剧本,"洗温泉浴,饮泸州大曲或五粮液,吃非洲鲫鱼",历时十
余日。

544   1965 年 4 月 26 日、27 日,中国京剧院二团演出梁清濂编
剧的《南方来信》。这是梁清濂的第一个剧本作品,汪曾祺为她润色
了唱词。

545   1965 年 4 月中旬,江青派小飞机把在重庆体验生活的肖
甲、汪曾祺、杨毓珉、李慕良等接到上海,再改《沙家浜》,江青到剧场
审查通过,定为"样板",并决定"五一"在上海公演。

546   1965 年 5 月 1 日晚上 7 点 15 分,北京京剧团开始在上海
人民大舞台公演《沙家浜》。这是《芦荡火种》改名《沙家浜》后第一
次在上海公演,汪曾祺和杨毓珉是改编执笔。上海文艺界随即掀起
了学习《沙家浜》改编演出的热潮。

547　　1964 年 9 月，江青读完刚刚出版的浩然长篇小说《艳阳天》第一卷，很感兴趣。北京京剧团奉令拟将其改编为京剧。为此，汪曾祺曾去和浩然接洽。

548　　1965 年秋，北京市委要求京剧团创排几个小戏赶在春节上演。汪曾祺根据浩然的小说《雪花飘》改编了同名京剧小戏，写的是一位送电话老人的故事。汪曾祺与主演裘盛戎等为体验生活，特意去访问了一位送电话的老人。

549　　1965 年 2 月 24 日，沈从文致信巴金，有一大段谈到汪曾祺，希望汪曾祺善于使用长处，趁精力旺盛笔下感觉敏锐时，到各种新生活里去接触较多方面新事物，再写几年短篇小说或报道，这样有利于汪曾祺搞戏改对人物刻画处理，多方面理解人物。沈从文说："若继续束缚在一个戏团里，把全部生活放到看戏中，实在不很经济。"

550　　1965 年秋，汪曾祺全家搬到甘家口一栋五层红砖楼上，邻近玉渊潭公园和钓鱼台国宾馆，周边环境较好，但是房间条件较差，两居室，开间小，"黑乎乎的"，"湫隘狭窄"，一家五口合用一张写字台。这一住就是 18 年。

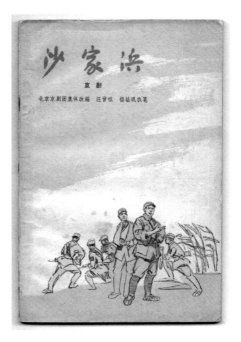

《沙家浜》，中国戏剧出版社 1965 年 8 月第 1 版

551　1965 年 8 月，《沙家浜（京剧）》由中国戏剧出版社出版。署："北京京剧团集体改编　汪曾祺 杨毓珉执笔"。这是《沙家浜》正式出版的第一个图书版本。

552　1966 年 6 月，汪曾祺的小女儿汪朝从北京第一实验小学毕业。

被揪斗与被"解放"

553　　1966 年夏,汪曾祺被揪斗,与马连良、赵燕侠、袁世海等"反动权威""戏霸"一起在京剧团内接受批斗、罚跪、剃头和院内游街。

554　　批汪曾祺的大字报上写着"老右派,新表演"。其罪状之一是与"走资派"薛恩厚合作的《小翠》中有台词说狐狸是大尾巴猫,被指"恶毒攻击伟大领袖"。罪状之二是剧本《雪花飘》中的唱词"同在天安门下住,不是亲来也是亲",被指"鼓吹阶级斗争熄灭论"。

555　　汪明记得,父亲被揪后第一次回家,样子有点尴尬、可笑。孩子们对父亲亲热依旧,评论他的秃头。汪曾祺给孩子们讲"黑帮"的新鲜事,也拿"造反派"开心。施松卿告诫孩子们和爸爸"划清界限",儿子反问母亲:"那你怎么还给他打酒?"

556　　被揪斗期间,汪曾祺曾被要求定期向造反派递交"一周情况汇报"和问题交代材料。据当时刚调入北京京剧团的陈婉容回忆,汪的文章完全不是普通的检查材料,行文遣词"给人一种舒服、洁净和平和,就像马长礼先生念大批判文章时,抑扬顿挫,如同上韵的朗诵",其"交代"也如一篇美的散文,有一句写道:"有几个橘子从筐里滚了出来……"

557　　黄永玉坚信,汪曾祺没有对不起人的地方。汪曾祺受批判期间,曾有人到中央美术学院,向正被关押在牛棚的黄永玉做外调,把他带到外面审问,问他和汪是什么关系。黄说:"我们是朋友。"来人就用手里的康乐球杆捅着他的腰嚷道:"还是朋友?!……"

558　　1966 年 8 月 23 日,一伙红卫兵闯进北京市文化局、文联机关大院,扬言要烧毁所存的传统戏装,并勒令文化局交出"黑帮"陪烧。下午他们把老舍、田蓝、金紫光、张季纯、端木蕻良、骆宾基、江风等人揪出,用卡车送到孔庙,围着焚烧的戏装批斗、抽打他们。老舍

的头被打破,被提前送回文联,但在院内再次受到揪斗。当天午夜,
老舍投太平湖自尽。

559　　1966 年年底,汪曾祺和赵燕侠等几个有历史问题的"反
革命"一起,被关进小楼上的牛棚,学习、交代、劳动。

560　　牛棚狭小,仅能放一张长桌,几个凳子,众人挨着围桌而
坐。里面的人要出去,外面的人就得起身让路。汪曾祺坐在赵燕侠
里面,要出去,说了声"劳驾",请她让一让,赵燕侠没有站起来,腾地
一下把一条腿抬过了头顶:"请!"汪见识了赵老板的腿功。

561　　1967 年 4 月中下旬,军代表李英儒的态度开始有所缓和,
先是亲切问候薛恩厚,稍后,见到正在抬煤的汪曾祺,又问他最近在
干什么。汪答:"检查、交代。"李英儒说:"检查什么! 看看《毛选》
吧。"汪曾祺明白,自己的问题大概快要解决了。

562　　1967 年 4 月 27 日,李英儒找汪曾祺,说:"准备解放你,
你准备一下,向群众作一次检查。"汪曾祺回到小楼,正考虑怎样做检
查,李英儒又派人把他叫去,说:"不用作检查了,你表一个态。——
不要长,五分钟就行了。"汪曾祺刚出办公室,走了几步,又把他叫回
去,说:"不用五分钟,三分钟就行了!"

563　群众集合在礼堂。三分钟,说什么? 汪曾祺照例承认错误,还说了一句:"××同志如果还允许我在'样板戏'上尽一点力,我愿意鞠躬尽瘁,死而后已!"——为了这几句话,汪曾祺在1976年后不知道检查了多少次。

564　汪曾祺4月27日当天就被安排同阎肃一起,坐在重要人物旁边看《山城旭日》。演出结束,又连夜开了座谈会。从此之后,汪曾祺算是"解放"了。

565　汪曾祺成了"样板团"的文艺战士,生活上享受特权,吃"样板饭":香酥鸡、番茄烧牛肉、炸黄花鱼、炸油饼……每天换样;穿"样板服":夏天、春秋天各一套,银灰色的确良,冬天还发一件军大衣。样板服的式样、料子、颜色都是重要人物亲自定的。团里内部称为"板儿餐""板儿服",被精简到干校的演员、干部自称"板儿刷"。

566　1967年5月11日,沈从文致信在四川自贡的儿媳张之佩,信中表示对当前文艺创作的失望,认为"技术过硬"说来简单,其实不然:"正如搞《沙家浜》,能如汪叔叔笔下精彩,那里是从二三年中训练班可以解决? 那里是一般训练方法即可解决?"

567　1967年5月25日,《人民日报》报道日前为纪念《在延安文艺座谈会上的讲话》发表 25 周年而举行的会演活动,标题为《毛主席无产阶级文艺路线辉煌成果的盛大检阅八个样板戏在京同时上演》,这是"八个样板戏"说法的起源。

568　　1967 年年末,汪曾祺奉命将《敌后武工队》改编为京剧,与徐怀中、阎肃、张永枚、刘伍、冯志、杨毓珉组成创作组。阎肃回忆,大家合作默契,其中汪曾祺讨论剧本最有韧性,虽不擅长结构剧情,但写词功底很强。半年后,《敌后武工队》被放弃了。

569　　1968 年 10 月 15 日,中国进出口商品交易会(简称广交会)开幕,11 月 17 日闭幕。汪曾祺随京剧《沙家浜》剧组参加了此次广交会演出。

570　　广交会结束后,主办方打算将会场摆放的大批菊花丢弃。有个日本商人掏了一点钱,把盛开的菊花买下,包机空运回国,办了个"中国菊展",参观者络绎不绝,商人捞了一大笔钱。汪曾祺由此得出两个结论:一是日本商人有头脑,二是中国的菊花好。

571　　1968 年 10 月 25 日,新华社"五七"干校在北京郊区房山县东南召人民公社(原 4768 部队农场)成立,开始轮训干部。施松卿参加受训。

汪曾祺和儿子汪朗

572　　1968 年 11 月,汪朗到山西忻县奇村大队插队,当爹的心
疼又无奈。汪朗行前,汪曾祺很严肃地对他说:"我把你们送到那样
的地方,我认为这是对年轻人的摧残。但愿你们能够用行动改变我
的认识。"

573　　1968 年,香港凤凰影业公司根据《沙家浜》剧本拍摄了故

事片《沙家浜歼敌记》，鲍方导演，影星朱虹、江汉分别饰演阿庆嫂和郭建光。

574　1969 年年初，为改编重排《杜鹃山》，汪曾祺、裘盛戎等主创人员奉命沿当年秋收起义的路线体验生活。经过的主要地方有长沙、浏阳、韶山、萍乡、安源、井冈山、武汉等地。全程军事化管理，曾徒步行军、上高山、下矿井、搞军事演习，也曾为社员演出、采访。汪曾祺、裘盛戎都在"控制使用"中，这次南方之行使两人再次有较长时间的密切接触。

575　井冈山人说客家话。有位队长介绍情况，说这里没人愿意当干部，自己挺身而出，老婆却反对，说"辣子没补，两头秀腐"。有同志听不懂，汪曾祺为其翻译："辣椒没有营养，吃下去两头受苦。"

576　主创组到了安源，受到当地群众的热烈欢迎。乡亲们向他们谈起旧社会的苦难生活，也说到闹革命时冒着生命危险，把自己仅有的粮食和番薯送给红军。汪曾祺与裘盛戎不断切磋，写下《杜鹃山》中著名的"烤白薯"情节。

577　1969 年，旧历除夕，剧组一行在安源过春节。雷雨雪雹交替，天寒瓦薄。汪曾祺真切体会到了南方冬天的威力。

578　　1969 年，为重排《沙家浜》，"样板团"奉命到故事的发生地苏州、常熟一带体验生活。汪曾祺随团去阳澄湖。看过芦苇荡，走访过当年掩护过八路军伤病员的群众，剧团忙着排练时，他没什么事，就偷偷跑出去吃当地的特产百花鸡，喝老酒。

579　　1969 年 8 月，长女汪明上山下乡，赴黑龙江生产建设兵团一师六团。得知消息后，汪曾祺"一下子呆住了，脸色突然变得黑了起来"。其后几日，"失魂落魄"，常愣愣地盯着女儿，间或长叹，反复说："这一去，不知一辈子会怎么样，要有思想准备啊！"

580　　汪明出发前一天，汪曾祺为女儿准备零食，煮茶叶蛋，悉心叮嘱。女儿走的那天，汪曾祺又早早为女儿煮面，故作轻松道："农村孩子过生日也未必吃得上这么好吃的面条。"他和汪朝一起送别汪明，眼含泪花，勉强微笑："不送啦！自己多保重啊！"

581　　1970 年春节前后，在山西忻县插队的汪朗冒险带同学何彬回家。何彬是无家可归的"黑帮分子"，其父被发配外地，按规定何彬春节不能回京。汪曾祺夫妇对此深感不安，责备儿子没有事先与父母商量。汪朗委屈得哭了。夫妇二人立刻意识到了自己的庸俗和对孩子感情的不尊重。何彬在汪家住了 40 多天。

上了天安门

582   1970 年 5 月 21 日,拥护毛泽东"五二〇"声明(《全世界人民团结起来,打败美国侵略者及其一切走狗!》)的百万群众大会在天安门举行,汪曾祺在这一天登上天安门。新华社当天发出电讯,详列登天安门的嘉宾名单,汪曾祺和谭元寿、洪雪飞、马长礼等人的名字列于名单的最末部分。

583   8 年后,汪曾祺在写的检查中谈到当时的心情:上天安门,我一点思想准备都没有,第二天报纸上登出了我的名字。站在天安门城楼上,在距离那样近的地方看到伟大领袖毛主席,是很难忘的幸福。但是我不该得到这种荣誉。

584　汪曾祺上天安门,引发了一些意外的效应。当时汪朗在山西插队遇上了麻烦,正好赶上汪曾祺上了天安门,大队干部对政治风向敏感,不敢贸然处理汪朗,只说了句"深刻认识"就敷衍过去了。汪朗偷偷把何彬带回北京,本应背个处分,也因此安然度过。

585　林斤澜当时正关在牛棚,看到报纸一阵惊喜。十几年后林笑着对汪说:"我看你上天安门,还等你来救我了。"

586　唐湜在温州,激动不已,拿着报纸奔走相告:"汪曾祺上天安门了,咱们知识分子有救了!"

587　早就被打倒的黄裳却因为"汪曾祺上天安门"受到单位警告。多年后,黄裳告诉汪曾祺:"你上天安门我可惨了。他们把我叫去训了一顿:'你不可翘尾巴!'"

588　几日后,在东北劳动改造的邓友梅回京探亲,登门看望了汪曾祺。汪曾祺对邓友梅说:"我还有这点自知之明,人家只是要用我的文字能力,我也从没有过非分之想。知进知退,保住脑袋喝汤吧……"

589　　汪曾祺与挚友、艺术知音黄永玉以各种原因渐行渐远。黄永玉晚年回忆:汪曾祺参加样板戏的创作,上了天安门观礼台。孩子们本来兴冲冲去的,总在外面说"我们汪伯伯是写《沙家浜》的"。他们想去看《沙家浜》,找汪伯伯,结果大概没能如愿。黄永玉很含混地说:"我觉得,当你熟悉的人这么渴求的时候,是可以关心一下这些孩子的。"汪曾祺对此没有提过一个字。

590　　1966 年以后,汪曾祺跟以前的朋友们来往少了。一度在三屉桌玻璃板下压一张纸条,上写:谨言语,慎出行,简交游。

591　　1970 年 6 月,小女儿汪朝从北京 111 中学毕业,稍后进入北京丝绸厂工作。

592　　1971 年年初,《杜泉山》(为了显示与之前彭真主抓的版本不同,1968 年年底《杜鹃山》一剧易名《杜泉山》)进行了全面的调整。编剧组方面,除原来的汪曾祺和杨毓珉外,又从上海调来了王树元和黎中城。编剧组前往湖南、江西,先后在长沙、湘乡、韶山、南昌、井冈山等地参观考察并体验生活,在汪曾祺原作的基础上共同讨论,分头执笔,后来公演的《杜鹃山》共 9 场,汪曾祺写了 3 场。

593　　在写剧中雷刚犯错误还被信任一节时,汪曾祺联想到自

己的际遇,不禁动情落泪。他对别人说:"你们没有犯过错误,很难体
会到这样的感情。"

594　　裘盛戎生前一直念念不忘《杜鹃山》,有一次特意请汪曾
祺等人到家里吃饭。夜里躺在床上看剧本,曾经两次把床头灯的罩
子烤着了。然而一病不起,有志未酬,终于没能再演《杜鹃山》。

595　　1971 年 10 月前后,汪曾祺去探望病重的裘盛戎。裘盛
戎在床上半睁开眼,学生方荣翔问他是否记得来人,他在枕上微微点
了点头,说了一个"汪"字,随即流下一大滴眼泪。

596　　1971 年 8 月,电影《沙家浜》由长春电影制片厂拍摄完
成。该片改编署"北京京剧团集体",武兆堤等导演,舒笑言等摄影,
北京京剧团演出,谭元寿、洪雪飞、万一英主演。拍摄期间,汪曾祺曾
一度随剧组驻长春。这是长影因"文革"中断电影生产 5 年多后出品
的第一部影片。

597　　"样板戏"正走红时,有一次汪曾祺全家议论哪个戏好
看,汪曾祺认为,"也就是《红灯记》《智取威虎山》能传下去",原因是
"有生活,有人物"。那《沙家浜》如何呢,他自信地回答:"那当
然! ……《智斗》肯定会传下去!"

598   1972 年 2 月,在山西忻县插队的汪朗,被招进太原钢铁公司第二炼钢厂当炉前工,一直干到 1978 年 10 月。

599   1972 年 4 月,北京京剧团又奉命创作《草原烽火》,题材规定好了:八路军的工作人员打进草原,打入王府,发动王府奴隶反抗日本帝国主义和汉奸王爷。汪曾祺被指定写本子,他与杨毓珉、阎肃等人驱驰千里,赴内蒙古体验生活,结论是日本人没进过草原,草原上也没有游击队,预设的题材不切实际。遂终止计划,返京。有关领导听了汇报后却说:"没有这样的生活更好,你们可以海阔天空。"

600   1972 年 6 月 14 日,沈从文致信巴金夫人陈蕴珍,谈到汪曾祺时说:曾祺在这里成了名人,头发也开始花白了,上次来已初步见出发福的首长样子,我已不易认识。后来看到腰边帆布挎包,才觉悟不是"首长"。

601   1970 年下半年,部分高校恢复了招生,北京大学第一届工农兵学员入学。施松卿奉命到北大"蹲点"采访,并特地听了朱德熙的课。回家后,施松卿极力夸赞朱德熙的学识、风度、口才。汪曾祺说:"德熙就是这样,做什么都做到最好,不像有的人,被'工农兵'的气势一压,就矮了半头。"

602　1972 年 12 月,汪曾祺在中国书店购得赵元任的《最后五分钟:国语罗马字对话戏戏谱》和吴其濬的《植物名实图考》。他在致朱德熙的信里,极口夸赞这两种书。

603　汪曾祺夸赵元任的书"好玩儿",甚至可以"作为戏剧学校台词课的读本""发到每个剧团"。他感慨时人丢失了做学问的幽默与生气,说"语言学家的文章要有'神气'……此事有关一代文风,希望你带头闯一下"。

604　汪曾祺还向朱德熙称赞《植物名实图考》每段说明"都是一段可读的散文",并责问和感慨道:"你说过:'中国人从来最会写文章。'怎么现在这么不行了? 对于文章,我寄希望于科学家,不寄希望于文学家,因为文学家大都不学无术。"

605　1972 年,长沙马王堆汉墓发掘,轰动世界。朱德熙参加一号墓遣策整理工作,也不断发表有关学术文章。此期间汪曾祺与朱德熙的通信,经常讨论文物、文字与古人生活问题。汪曾祺评价朱德熙的文章"逻辑严谨,文体清峻",并引典籍佐证"古代女人搽脸的粉是米做的",辨析炒米与饼的名实,还宣称"很想退休之后,搞一本《中国烹饪史》,因为这实在很有意思"。

606   1973 年 4 月,《杜泉山》开始彩排,5 月 1 日在北京市工人俱乐部试演,稍后恢复原名《杜鹃山》。6 月,多位中央领导审看后大加肯定。此后,各大报刊开始发表好评文章,《杜鹃山》改编、巡演、出版、评论的热潮持续到 1975 年。

607   1974 年 5 月,北京京剧团演出、北京电影制片厂拍摄的影片《杜鹃山》公映。扮演李石坚的李宝春(李少春之子)请汪曾祺给他起个新名字,用在电影的演职员表上。汪曾祺童心大发,起了好几个,最后李宝春采用了"李永孩(李咏)"这个名字。

608   1974 年 7 月,一批学者、编剧被组织起来修改润色《新三字经》,准备作为小靳庄贫下中农编的批林批孔读物出版。汪曾祺奉命参加,其中这几句是他改的:"孔复礼,林复辟,两千年,一出戏。""学劲松,立险峰,乱云飞,仍从容。"

609   1974 年 8 月—10 月,汪曾祺与梁清濂、周锴再次赴内蒙古体验采访,准备写一个反映内蒙古革命题材的戏剧。在舞蹈家斯琴高娃等人陪同下,他们乘一辆吉普车,在草原上驱驰俩月。

610   在内蒙古期间,一位老革命在饭桌上发牢骚,说蒙古族人民吃不上传统民族食品炒米,只能吃难吃的炒玉米面。斯琴高娃十

分担心,怕把这牢骚话传到北京。汪曾祺则一脸平静。后来什么事
情都没发生。

611　　1974 年,汪曾祺被任命为北京京剧团革命委员会成员。

612　　1975 年秋,为写一个反映高原测绘队先进事迹的戏,汪曾
祺与肖甲、张滨江等去西藏体验生活。张滨江称汪曾祺"对词句到了
崇拜的地步",三五个小时才憋出八句台词。康定招待所外面的河水
很急,响了一夜,汪曾祺由此写了"排空拍岸"一句。本子写出来了,
但并没有排演。

613　　在《沙家浜》最红的年代,汪曾祺等人到过泰山。当时的
行署一个劲儿地向他们一行汇报工作,请他们做指示。汪曾祺后来
苦笑着回忆:"一个作家,能对地方政府作什么指示?那才叫尴尬
呢!"

614　　1976 年年初,在辽宁劳动改造的邓友梅终于摘掉右派帽
子,从鞍山钟表厂办理退休手续,回到了北京。汪曾祺听说后,回家
急切地跟施松卿说:"友梅从东北回来了,听说得了肝炎,身体很不
好,情绪也不高。我想去看看他!"

曾想断指明志

615　1976 年 10 月，"四人帮"倒台，汪曾祺称自己"又解放，又解脱"。他参加庆祝游行，对进驻剧团的工作组提意见，为被整的人说话，贴大字报阐述观点，参加各种座谈会，十分兴奋。他写的一张大字报的最后一句是"让我们高呼乌拉"，还有一张大字报是用元曲小令写的。

616　"四人帮"倒台后，京剧传统剧目解除了禁令。《昭君出塞》恢复演出，汪曾祺应邀帮着改词。汪曾祺的修改，突出了王昭君的"自愿请行"，将剧中角色原有的怨恨之情改写成了思乡之情。

617　　但很快,汪曾祺在北京京剧团内遭到围攻。大字报贴出来了,其中说汪曾祺对别人作品看不上,很高傲;但他没有傲骨,"江青拉他,他就上天安门"。

618　　汪曾祺被宣布为"重点审查对象",被勒令交代与江青、于会泳的关系,交代是不是"四人帮"留下来的潜伏分子。汪曾祺被"挂"了起来,不给工作,检查问题。

619　　因为被重点审查,汪曾祺进出办公室都是低着头,见到熟人说:"我又挨整了。"——"又"是重点。不敢跟人交谈,又无处可去,他只能在资料室喝茶。

620　　1977 年 5 月,汪曾祺在创作组做了一次检查,8 月又被勒令再做一次深刻检查。罪名很离奇,说汪曾祺是"四人帮"指令潜伏下来要东山再起的"第二套班底"。

621　　1976 年 7 月,黄永玉致信黄裳谈及汪曾祺,"汪兄这十六七年我见得不多,但实在是想念他",只是"你想念他,他不想念你,也是枉然","但一个人要有点想想朋友的念头也归于修身范畴,是我这些年的心得,也颇不易"。

622   汪曾祺去找过老友黄永玉两次。但两人隔膜渐深,在黄家碰到的朋友,对汪曾祺也有点"那个"。黄永玉参加毛主席纪念堂的建设工作,画了雕像后面那幅《祖国大地》,被选为工地的特等劳动模范。两人的境遇高低,比起前几年,似乎倒了个个儿。

623   沈从文躲地震从苏州回来了,1977 年 4 月 4 日写了一封三千字的长信给汪曾祺,介绍子女家庭情况,询问汪曾祺子女工作,满满都是温情。最后还邀请汪曾祺与施松卿"预先约个时间,去天坛或颐和园看一次花,玩个半天吧"。

624   汪曾祺第一次杀了鸡。他 9 月 7 日写信给朱德熙报告说:"三个月来每天做一顿饭,手艺遂见长进。"鸡是汪朗买回来的,一共三只。无人敢宰,只能老头儿出手,杀完觉得"也无啥"。

625   1977 年 9 月 5 日,汪曾祺碰见了前同事、时在中国木偶艺术剧院工作的葛翠琳。葛翠琳再三劝汪曾祺写小说、散文,然而汪曾祺说自己"一时既无可写,也不想写"。

626   杨毓珉是汪曾祺西南联大时期的好友,后来又曾出力将汪曾祺调回北京,再调到京剧团。但汪曾祺觉得这位老友明明很了解自己,自己受审查了,却不见他说句公道话,不够朋友。有一次看戏,杨毓珉碰见施松卿,主动打招呼,施松卿却不理他。杨毓珉也觉得很委屈。

627 被"挂"起来之后,汪曾祺常看笔记小说解闷。1977 年 9 月终于开始写一些随笔如《葵》《薤》《栈》,都没发表,只是抄送朱德熙等老友看。

628 女儿汪朝也看汪曾祺的随笔,觉得跟时代背离,也看不大懂,远不如杨朔、刘白羽的散文,很不客气地批判汪曾祺:"你这种文章只有三个人看——朱伯伯、李伯伯、汪朗!"朱德熙与李荣,都是西南联大中文系毕业的老友。汪曾祺很委屈,向朱德熙告状,朱德熙说:"那有什么,三个人看也很好!"汪曾祺还是委屈,说女儿是"天下第一眼高手低之人"。

629 心情郁闷的日子长达两年之久,汪曾祺常常喝酒,酒后常发脾气骂人,说自己冤枉,骂清查人员不懂政策,还手握菜刀大声嚷嚷:我要断指明志,以后再不写东西了。

630 汪曾祺曾在半本书大的元书纸上画了一只长嘴大眼鸟,一脚蜷缩,白眼向天。题句曰"八大山人无此霸悍"。此画没有保存下来。

631　汪曾祺在 1978 年的一篇检查中说："我没有任何行政职务,江青也没有给我太大的荣誉,因为我有政治上的弱点。她一到节骨眼上,就想起我,我就得给她去卖命。有的同志说我是'御用文人',这是个丑恶的称号,但是这是事实。我觉得很痛心,很悔恨。我今年 58 岁,我还能再工作几年,至少比较像样地做几年。"

平反了，思乡了

632　1977 年 11 月，刘心武的短篇小说《班主任》在《人民文学》发表，成为"伤痕文学"的代表作品。

633　1978 年 4 月，文化部举行揭批"四人帮"大会，为大批受迫害的文艺工作者平反。

634　1978 年 4 月 11 日，汪曾祺写《我的态度》一文，表示将"尽我所知、毫不隐瞒地揭发江青和于会泳的罪行，交代自己的问题"，并写下保证："我没有给江青、于会泳写过任何信。"

635　　1978 年 5 月 11 日,《光明日报》发表特约评论员文章《实践是检验真理的唯一标准》,引发了一场关于真理标准问题的大讨论。该文被认为从理论上根本否定了"两个凡是",为十一届三中全会做了思想上的准备。2019 年,该文入选普通高中语文教材。

636　　1977 年 12 月,举行了恢复高考制度后的第一次高考。1978 年 7 月 20 日—22 日,汪朗参加高等院校恢复招生后的第二次高考,也是首次全国统一高考,后被中国人民大学新闻系新闻专业录取。

637　　1978 年 11 月 16 日,新华社报道,遵照党中央决定,全国右派分子全部摘除帽子。12 月 18 日—22 日,中国共产党第十一届三中全会在北京举行,会议提出"解放思想、开动脑筋、实事求是、团结一致向前看"的方针。

638　　1979 年 1 月 21 日,上海京剧一团在北京人民剧场演出《金玉奴》,童芷苓、俞振飞、刘斌昆在"文革"后首度同台合作。汪曾祺带女儿汪明去看,"如痴如醉,欣赏得不行!"他还托人弄票,想请朱德熙夫妇去看,未果。

639　　1979 年 3 月,中国民间文艺研究会复查小组为汪曾祺做了右派改正结论,称"把一个说了几句错话而且又已经作了检查的同志划为敌我问题,定为右派分子,是错误的"。

640   汪曾祺去原单位中国民间文艺研究会交材料,在改正结论上签字。他向专案小组道谢:"为了我的问题的平反,你们做了很多工作,麻烦你们了,谢谢!"那几位说:"别说这些了吧!二十年了!"

641   汪曾祺终于不用写交代材料了,但单位也没有分配工作。这个春天,长女汪明因病从插队的农村回城,待业家中。父女二人每日闲聊、散步、做饭,过了一段悠闲日子。

642   1978年11月前后,汪曾祺萌发了为汉武帝写一部长篇小说的想法,他跟同事讨论过这个题材,也开始收集关于汉武帝的材料,做成卡片。

643   1978年12月,汪曾祺凭借在张家口时期做的读书笔记,"在几本乐府选集的天地头和行间,用圆珠笔密密麻麻地作了批注",写成系列论文《读民歌札记》,共7篇,1980年在《民间文学》上发表。

644   1979年6月,汪曾祺托朱德熙转致季镇淮信,透露最近"想用布莱希特的方法写几个历史剧",写出历史人物的既伟大亦平凡,初步拟定的两个戏是《司马迁》和《荆轲》。

645　1979 年 7 月,曹禺的历史剧《王昭君》由北京人民艺术剧院公演。10 月,汪曾祺为《王昭君》写了一篇剧评《飞出黄金的牢狱》。这也是汪曾祺复出后最早的文艺评论。汪曾祺本人曾在 1962 年创作过历史正剧《王昭君》,1979 年又将曹禺的《王昭君》改为"古典民族歌剧"(昆曲)与京剧。

646　1979 年,汪朗在人大念书,汪明病休在家,施松卿建议不用上班的汪曾祺给孩子讲讲古文,汪曾祺几次推托,直到施松卿发火,责怪他对儿女不负责任,汪曾祺才勉强应承。他从《古文观止》里选了一篇陶渊明的《五柳先生传》,讲了一半后再无下文。再问,就梗着脖子说:我那时候谁教我呀?

647　汪朗上写作基础课,写了一篇小说习作。他在钢铁厂当过炉前工,小说写一次因工厂领导瞎指挥造成的事故,工人连夜抢救才保住了设备。次日一早,厂里广播站朗声广播"由于领导英明,指挥得力,才避免了更大损失"。小说结尾是:忙了一夜的工人已经精疲力竭,在澡堂里听着广播睡着了。汪曾祺看后,提了个意见:"结尾不好! 太平。应该是工人听了这样的广播之后,骂了一句:他妈的! 结束。"

648　李荣、朱德熙见汪曾祺闲在家里,有心让他换个环境。

李荣与中央委员、中国社会科学院院长胡乔木相熟,给胡看汪曾祺的
文章,并说"此人文笔如果不是中国第一,起码是北京第一"。

649　　胡乔木此前已经将沈从文调到了中国社科院历史所,他
问汪曾祺是否愿意去社科院文学所。汪曾祺觉得自己的本行是创
作,不适合研究,没去。

650　　据林斤澜回忆,胡乔木还曾想让汪曾祺去北京市作家协
会,曾在一个香烟壳上写"汪曾祺进作协(作家协会)"。在北京市作
家协会的林斤澜很高兴,但汪曾祺不愿意,说:"你胡乔木在香烟壳上
这样写,你把我当什么!"此事不知何时发生,但北京市作家协会是
1980 年才正式成立的。

651　　1979 年 10 月 13 日—11 月 16 日,中国文学艺术工作者第
四次代表大会举行。沈从文参加了这次大会。

652　　1979 年春,汪曾祺接受《人民文学》编辑王扶约稿,写成
小说《骑兵列传》,发表在 1979 年第 11 期上。这是汪曾祺"文革"后
复出的第一篇小说,但他自己明显不太满意,觉得"不真实",多种选
集均未收入。

653　　1980 年 1 月,上海文艺出版社编选出版的《建国以来短

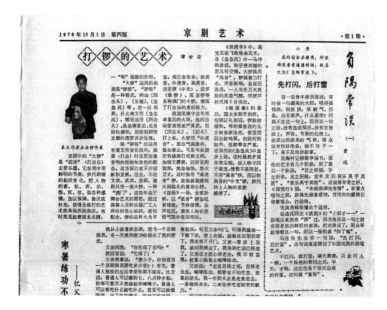

汪曾祺在北京京剧院内刊《京剧艺术》上发表的专栏文章《负隅常谈》

篇小说》(下册),收入汪曾祺《羊舍一夕》,属于"补选"。

654　1980 年 2 月 10 日—3 月 10 日,"庆祝中华人民共和国成立 30 周年全国美术作品展览"在中国美术馆举行,汪曾祺与汪朝等前往观展。进门不远处,是一张黄永玉画的巨幅白描荷花,拔地通天,全都是荷叶荷花,远近高低各不同。汪曾祺一下就站住了,女儿叫他往前走,叫不动,他还一再说:"这才是真功夫呢,一笔都不能画坏。这家伙真厉害!"

新出现的老作家

《受戒》震动文坛

655　　1980 年的春节是 2 月 16 日。节日前后,汪曾祺应邀为沈从文将出的选集写后记,将沈从文的主要作品浏览一遍。汪曾祺后来回忆,这也是他写《受戒》等作品的触因之一。

656　　春节期间,汪曾祺到沈从文家拜年。沈从文的孙女沈红搞猜谜活动,在屋里拉几条线绳,将谜语粘在绳上,有客人来,就请他们猜谜,猜中一条发一块糖。谜语都是张兆和帮着选择、抄写的。

657　　其间汪曾祺谈到最近某些作品有玩世不恭的倾向,沈从文说:"这不好。对现实可以不满,但一定要有感情。就是开玩笑,也要有感情。"

658　　1980年3月1日元宵节,是汪曾祺60岁阴历生日。他写了一首自寿诗:"冻云欲湿上元灯,漠漠春阴柳未青。行过玉渊潭畔路,去年残叶太分明。"

659　　汪曾祺曾给大姐汪巧纹寄过一笔钱。汪巧纹用这笔钱做路费,于1980年春带着外孙来京看望汪曾祺。姐弟分别几十年后重逢,一同逛了故宫与长城,其间不断谈论高邮旧事。大姐临走时还邀请汪曾祺找时间回高邮看看。大姐走后,汪曾祺得了"思乡病",常常发愣。他开始考虑重拾高邮题材的写作。

660　　1980年3月19日,汪曾祺去八宝山参加诗人李季追悼会,遇到中国民间文艺研究会旧同事刘锡诚。汪曾祺此前听说刘锡诚要调回中国民间文艺研究会工作,见面便力劝他"千万不要去",因为"与那个人是不能相处的呀"。此事或可窥见汪曾祺当年在民间文艺研究会的不愉快。

661　　北京京剧院同事梁清濂看了当时刚开始流行的意识流小说,觉得思想和写法都很新鲜,很兴奋地拿给汪曾祺看。汪曾祺看了,问:"你觉得好?"他把1949年出版的《邂逅集》带去单位给同事看,大家才知道他还写过那样的小说。

662　　1980 年 5 月,《花城》文艺丛刊第 5 集刊出"沈从文专辑",包括沈从文手订《从文习作简目》、金介甫《给沈从文的一封信》、黄永玉《太阳下的风景》、朱光潜《从沈从文先生的人格看他的文艺风格》。这被视为沈从文"解冻"的信号。

663　　1980 年 5 月 20 日,汪曾祺完成了两件事。一是重写了 20 世纪 40 年代的旧作《异秉》,一是写了评论《沈从文和他的〈边城〉》。两件事一起做,其中关联值得玩味。

664　　1980 年 6 月 24 日—30 日,汪曾祺参加北京市文学艺术工作者第四次代表大会。即将复刊的《新观察》编辑石湾找到汪曾祺,要他为《新观察》写一篇小说。汪曾祺给了他 3 月新写的《黄油烙饼》。

665　　《黄油烙饼》在《新观察》编辑部传看,人人都说地道、老到,有滋味儿。只有主编戈扬有顾虑,说"请作者改一改,调子总还是高一点好嘛"。幸好诸编辑一起说服了主编,《黄油烙饼》才直接发表在《新观察》1980 年第 2 期上。

666　　《黄油烙饼》是用一个八岁孩子萧胜的视角来叙事的,

汪曾祺在这篇小说里充分遵从了老师沈从文的教导"贴到人物写"。林斤澜曾经劝他把"三级干部吃饭"改成"三级干部会餐",干部喜欢说会餐,汪曾祺没同意,大概因为八岁的乡村孩子不会用"会餐"这个词儿吧。汪曾祺自己也说,如果萧胜是个城市里的孩子,他看到坝上大片蓝蝴蝶一样的马兰花,会感觉"进入了一个童话世界",但萧胜来自农村,所以汪曾祺只能写"他像在一个梦里"。

667 1980 年 7 月 26 日,《人民日报》发表社论《文艺为人民服务,为社会主义服务》,正式提出用"文艺为人民服务,为社会主义服务"的口号代替原来的"文艺从属于政治"或文艺为政治服务的文艺方针。

668 1980 年 7 月 12 日—31 日,汪曾祺参加中国戏剧家协会、文化部艺术局、文化部文学艺术研究院戏曲研究所联合召开的戏曲剧目工作座谈会。他发言的题目是《从戏剧文学的角度看京剧的危机》,指出京剧的文学性比较落后,应该向地方戏学习,要接受外国的影响。

669 汪曾祺在戏曲剧目工作座谈会上的发言引起了相当大的争议。云南师专一位教师撰文表示异议,认为京剧的危机不像汪曾祺说得那么严重,并且京剧的危机是因为"文化大革命"的摧残。也有文章支持汪曾祺的危机说。前前后后有五六篇文章参与讨论。

670 汪曾祺并非光说不练。他在南宋罗大经著《鹤林玉露》里看到，韩世忠在黄天荡临胜而骄，放走了金兀术，妻子梁红玉参了丈夫一本，根据这个故事，汪曾祺创作了新编历史剧《梁红玉》，后来改名为《擂鼓战金山》。

671 开完北京市文代会后，1980 年 6 月，汪曾祺又将写在张家口的劳动生活的散文《果园杂记》寄给《新观察》编辑石湾，并附信说："有人说这是散文诗，我看就叫散文吧。"并声明自己未留底稿，如不采用，请退还。

672 汪曾祺接到《新观察》编辑的来信，编辑部审稿后决定只用《果园杂记》两章，信里甚至都没说用哪两章。汪曾祺很无奈，也只好在回信中表示同意，并说"稿一时排不上，本是意中事"，"我一时无处可送，先存在你们那里吧"。

673 《果园杂记》发表于《新观察》1980 年第 5 期，包括《涂白》《粉蝶》《波尔多液》三章。没发表的其余各章，汪曾祺未留原稿，《新观察》亦未再发表，亡佚。

674 1980 年 8 月 12 日，汪曾祺用两个上午写成了《受戒》，文末自注"写四十三年前的一个梦"——以 1980 年为起点，43 年前是

1937 年,时汪曾祺在江阴念高中,初恋。

675 汪曾祺写《受戒》,完全不知道这篇小说能不能发表。下笔之前,他把自己的想法告诉了单位的一些同事,大家都不理解:"为什么要写这样一篇东西?""是啊,为什么要写几十年前一个小和尚谈恋爱?有什么现实意义?揭示了什么重大问题?"

小说《受戒》发表于《北京文学》1980 年第 10 期

676　　《受戒》写成之后,汪曾祺给剧团几位要好的同事看过,如老同学杨毓珉、梁清濂等。他们看了都很激动,觉得美,梁清濂还发出了汪曾祺当初看沈从文小说时的感叹:小说原来可以这样写!不过,同事们都认为这篇小说没地方发表。

677　　1980 年八九月间,北京文联开汇报会,北京京剧团、《北京文学》杂志社都作为下属单位参加。北京京剧团团长杨毓珉汇报时提到了汪曾祺写《受戒》,说这小说挺好,看着挺有味道,不过不能发表,不能让它流入社会。《北京文学》负责人李清泉一听来了兴趣,找杨毓珉说给我看看行不行,杨毓珉等人死活不同意,说不能外传,不是发表也不行。这大概是怕给汪曾祺惹祸。

678　　李清泉只好直接给汪曾祺写了个条儿,要求看《受戒》。汪曾祺当时就把《受戒》送给了李清泉,但也附了张条儿:要发表可得有点胆量才行。

679　　《受戒》发表于《北京文学》1980 年第 10 期,此前《北京文学》叫《北京文艺》,改名后第 1 期做成了小说专号,当期除了《受戒》,作者还包括李国文、母国政、从维熙、张洁、张弦、陈祖芬、郑万隆等。

680 1980年12月的《北京文学》《北京日报》《文艺报》纷纷发表张同吾、梁清濂、唐达成等人评论《受戒》的文章，尤其以中国作家协会党组书记唐达成（唐挚）的《赞〈受戒〉》影响最大，唐赞美《受戒》"这样一篇洋溢着诗情的作品的威力，绝不下于一篇宣扬无神论的檄文"。《小说月报》1980年第12期也转载了《受戒》。

681 1980年10月27日，沈从文、张兆和夫妇访美，引起知识界轰动。国内亦于本年开始重新出版沈从文作品，《边城》《沈从文散文选》《沈从文小说选》《从文自传》先后问世。

682 1981年1月14日，汪曾祺写了散文《我的老师沈从文》。不知道为什么，这篇文章在汪曾祺生前从未发表。汪曾祺曾当面给沈从文下过一个定义：你是一个抒情的人道主义者。"沈先生微笑着，没有否认"。"抒情的人道主义者"后来被汪曾祺用来概括自己，加了个前缀"中国式的"。

683 新时期流行"伤痕文学"，其中写右派题材的不少，如张贤亮的《灵与肉》。施松卿说：你也当过右派，也应该把这段事情写写。汪曾祺写了，家里人一看，小说里这右派没遭过什么罪呀，就是有点寂寞，还到处遇到好人……不行！重写重写。汪曾祺从善如流，一连改了六遍，一直改到1980年12月11日，越改越温情脉脉，连标题都从《寂寞》变成了《寂寞和温暖》。

684 1980 年冬天,玉渊潭湖面上落下了四只天鹅,这事多年未有,很多人远道赶来看天鹅。汪曾祺每天早上去玉渊潭遛弯儿,回来都要说说天鹅。没多久,两个小青年晚上用气枪把其中一只天鹅打死了,说是想吃天鹅肉。汪曾祺气坏了,反复念叨:"怎么能这样呢?怎么能这样呢?"

685 1980 年 12 月 29 日,汪曾祺连夜写下了《天鹅之死》。《天鹅之死》把天鹅之死和演《天鹅之死》的芭蕾舞演员所遭受的迫害交错起来写,汪曾祺后来自述这篇小说"是一篇愤怒的作品","对现实生活有很深的沉痛感"。

686 1987 年《天鹅之死》收入《汪曾祺自选集》时,汪曾祺加了一行附注说"泪不能禁"。汪曾祺去世前不久,又在控诉人性之恶的小说《八宝辣酱》中,写了"枪杀天鹅"的细节。

687 汪曾祺重写的旧作《异秉》发表于江苏省作家协会主办的《雨花》1981 年第 1 期。《异秉》的写作时间比《受戒》还早,但稿子推荐给《雨花》后,编辑部出现了较大争议,甚至有人说:发这种小说,好像我们没有小说可发了,意思是这根本不是小说。

688　《异秉》发表时,《雨花》主编之一高晓声破例写了一篇《编者按》,像是在回应某些异议:"作者写生活,放开去时,一泻千里,似无边无岸,不知其究竟;而一笔收来,则枝枝蔓蔓,又尽在握中。"高晓声说,发表这篇小说,意义在于"扩展我们的视野,开拓我们的思路,了解文学的传统"。汪曾祺看了《编者按》后说:懂行。

689　《雨花》另一位主编叶至诚(叶圣陶之子,叶兆言之父)一直引以为憾的,是没有以最快速度发表《异秉》,以至于让《北京文学》发表《受戒》抢了先手。《受戒》引发震动之大,好评之多,也不是《异秉》可以相比的。

690　中国作家协会主办的《小说选刊》1981 年第 2 期转载了《受戒》,汪曾祺应邀撰写了《关于〈受戒〉》。汪曾祺在文中澄清"我没有当过和尚",说《受戒》"有点像《边城》","写的是美,是健康的人性","我的作品不是,也不可能成为主流"。

691　1981 年 1 月 10 日,与汪曾祺合作过剧作《小翠》《沙家浜》的薛恩厚去世。薛恩厚 1937 年参加八路军,1938 年入党,曾任北京京剧团党总支书记兼团长。3 月 11 日汪曾祺参加八宝山的千人追悼会,为薛恩厚写了一副挽联:居不求安,食不择味,从来不搞特殊化;进无权欲,退无怨尤,到底是个老党员。

692　　1981 年 2 月 4 日，汪曾祺写出了与《受戒》齐名的小说《大淖记事》。主角十一子的形象，源于他小时候看过的戏曲《白水滩》。这出戏源自明代，好几个地方戏都有此剧。1907 年，京剧《白水滩》拍成了电影。剧中主角十一郎是一位不明真相的佃农，帮助官兵追捕义士，反被官府诬陷问斩，最后被义士所救。汪曾祺说《白水滩》"别具一种诗意，有一种凄凉的美"。

693　　1981 年 3 月 23 日，汪曾祺参加了《北京文学》1980 年优秀短篇小说发奖大会。《受戒》是 11 篇获奖作品之一。汪曾祺的照片登在当年《北京文学》第 11 期的封二，第 5 期的综评文章指出《受戒》有着"风景画和风俗画的诗一般的情味"，是"以生活本身的魅力去吸引自己的读者"。

694　　也是在 1981 年 3 月，《黄油烙饼》收入人民文学出版社出版的《一九八〇年短篇小说选》。

695　　1981 年 5 月 31 日，汪曾祺写了一篇很有趣的文艺随笔《高英培的相声和埃林·彼林的小说》，文章说高英培的相声《钓鱼》与保加利亚作家彼林的讽刺小说"不谋而合的相似"，"是这几年出现的相声里格调最高的一段"，它讽刺了爱吹牛的人，尖刻，但又并不严厉，甚至颇有温情。汪曾祺说，中国小说里还没有这样的作品，"中国文学需要幽默,不论是黑色的还是别种颜色的"。

696　1981 年 6 月 6 日,汪曾祺写了小说《鸡毛》。第二天寄出后,他写信给朱德熙,谈这篇取材于西南联大校园生活的小说,主人公有些事情是真事,比如给女同学写情书附带金戒指,女同学将情书与戒指一起钉在布告栏内展览。汪曾祺担心小说被原型看到,会引起麻烦,但也只好"文责自负"。

697　1981 年 6 月初,汪曾祺到承德参加《人民文学》笔会,住个把月避暑。他向朱德熙透露,在此期间打算写一部中篇历史小说《汉武帝》,也为任职于中山大学的学长吴宏聪写一点关于沈从文小说的札记。

698　汪曾祺在承德没写成《汉武帝》,写了一篇系列小说《故里杂记》,写作过程不顺利,几次都把写好的稿子撕了。

699　林斤澜比汪曾祺晚到承德,一到就听管事的说,有一位老作家挺"神",明明刚还在房间里奋笔疾书,转眼就不见了。这种情形一天得有两三回,60 多岁的人,不会出事吧? 林斤澜问:附近有没有小酒馆? 可以去看看。管事的去了,回来低头微笑:"面前只有一碟花生米。"

四十二年未返乡

700　　汪曾祺的小学同学刘子平受高邮宣传文化部门之托,来信问他是否愿意回乡看一看。汪曾祺回复了一封长信,说要跟单位领导商量一下再定,并说自己希望帮家乡做几件事:搜集整理秦少游的材料;调查高邮的历史情况,主要是宋代;调查高邮散曲作家王磐的材料。汪曾祺希望县里能够在他回乡前做一些准备工作。

701　　1981 年 6 月末,汪朗在《甘肃日报》实习结束,与同学结伴去四川旅游,在四川遇到了特大洪灾,交通断绝,与家里也断了音信。家里人还开玩笑,说汪朗是不是被长江大水冲走了。

702 1981 年 7 月,江苏人民出版社出版《九叶集》,选收辛笛(王辛笛)、陈敬容、杜运燮、杭约赫(曹辛之)、郑敏、唐祈、唐湜、袁可嘉、穆旦(查良铮)九位 20 世纪 40 年代出道的诗人作品,诗歌史上的"九叶派"由此定名。九位作者大多出身西南联大,好几位与汪曾祺有过密切交往。

703 1981 年 7 月下旬,汪曾祺参加《北京文学》组织的黄岛笔会。那时候的笔会不是去游山玩水,是真逼着作家蹲在招待所里写,不交稿不让走。这次笔会陈忠实也参加了,他后来回忆说:整个黄岛只有十来户渔民,作家们"囚"在黄岛一周,闭门写作,唯一消遣就是晚饭后在夕阳里泡海水澡,"直到每位受邀作家都如母鸡生出一个蛋来……才撤离了这个日夜都弥漫着海腥味的小岛"。

704 黄岛笔会条件还可以,能吃到各种刚从海里捞出来的鱼。可是,只管饭,不管酒。汪曾祺与陈忠实就轮流自掏腰包买,成了很好的酒友。陈忠实后来说汪曾祺不摆谱,不拘小节,但他始终排弃不掉对汪曾祺这个名字"那一缕神秘莫解的感觉"。

705 汪曾祺在黄岛笔会下的"蛋",正是写他初中国文老师高北溟的《徙》。一同参加笔会的女作家韩蔼丽去汪曾祺房间串门,大为惊异:都 80 年代了,还有人用毛笔写作,真不怕费事!

706 　　笔会结束后，一群作家从黄岛回到青岛，但接待方已经不管他们了，需要自找旅馆，自购车票回北京。时值暑假，青岛游人如织，旅馆爆满。《北京文学》的组织者带着一群当红作家，背兜携袋，在大街上步行了将近两个小时，都没找到合适的住处，最后只能落脚在一家戏院改的招待所。这家戏院把二楼的包厢隔成小间，每间不足 6 平方米，只有一张床，一顶蚊帐，一个脸盆。汪曾祺安慰组织者说："单间儿，挺好！"

707 　　一行人又从青岛到济南，有地方住，但吃饭仍是问题。陈忠实回忆："1981 年的夏天，私营的小饭铺刚刚冒出，还有点贼头贼脑。国营和集体属性的饭馆一律称为食堂，不仅门面小，而且少得难以寻觅。"好不容易在一条街的丁字口看到一家"食堂"，一帮人不由分说也别无选择地拥了进去。

708 　　1981 年 8 月 11 日，刚回到北京的汪曾祺复信高邮的研究者陆建华，回答关于《受戒》的问题："三个大和尚和他们的生活大体如小说中所写。明海是虚构的。大英子、小英子有那么两个人。"信里也谈了一些评论对《受戒》的批评。最后说："单看《受戒》，容易误会我把旧社会写得太美，参看其他篇，便知我也有很沉痛的感情。"

709 　　1981 年 8 月，北京京剧院三团彩排汪曾祺与梁清濂合作的现代戏《裘盛戎》，裘盛戎由其子裘明（裘少戎）扮演。这是京剧舞台上首次出现一位京剧演员的形象，也是汪曾祺复出后的第一个剧本。《北京戏剧报》报道：京剧院本院的人看彩排，都不禁激动地说："裘盛戎活了！"但汪曾祺说，这出戏"被改得一塌糊涂"，他根本不愿意去看演出。

710　1981 年 8 月 20 日左右，将近两个月音信皆无的汪朗回到北京，家人才知道，他去了高邮！汪朗在四川遇上洪水后，一路在乐山、成都、重庆滞留，交通恢复后，再沿长江葛洲坝、武汉、庐山、南京一路东行，最后到了镇江，见到大姑汪巧纹，又和大姑一道去了高邮小住。

711　汪朗在高邮受到了家乡人的热情接待，亲友还好奇地打听：汪曾祺平日是不是总在小本子上随手记下素材？

712　汪朗的高邮行明显对汪曾祺有"撬动"作用。汪曾祺于1981 年 8 月 26 日致信小学同学刘子平，说自己很想回乡看看。但前段时间连续参加笔会，没有为剧院做什么事，不太方便再申请外出，希望高邮有关部门出函邀请，才好向单位说话。

713　汪曾祺又致信弟弟妹妹汪海珊、汪丽纹，声称自己"不是什么大作家"，希望家乡的文艺工作者不要存多大希望，信中还提到，汪朗到高邮,乡亲们请他吃活鳜鱼、呛虾,汪曾祺说:"我如果回来,请不要对我如此,你们就给我准备一点臭苋菜秆子吧。——当然这是说了玩的。没有臭苋菜秆子也行。"

714　1981 年 9 月,商务印书馆香港分馆出版沈从文历时 17 年编就的巨著《中国古代服饰研究》。这本书的序是郭沫若写的。汪曾祺后来说:"可以说,是郭沫若的这篇文章(指《斥反动文艺》),把沈从文从一个作家骂成了一个文物研究者。事隔三十年,沈先生的《中国古代服饰研究》却由前科学院院长郭沫若写了序。人事变幻,云水悠悠,逝者如斯,谁能逆料? 这也是历史。"

715　1981 年 9 月,上海辞书出版社出版了《中国戏曲曲艺词典》,书由上海艺术研究所、中国戏剧家协会上海分会编辑,收入"汪曾祺""沙家浜"两个词条。"汪曾祺"释文中说他"在创作中力求把传统的戏曲形式与现代的思想和审美观结合起来,并致力提高戏曲剧本的'可读性'"。

716　1981 年 9 月下旬,高邮县人民政府向北京京剧团发出公函,正式邀请汪曾祺回乡。时任县委宣传部干事的陆建华回忆:县领导根本不知道《受戒》《大淖记事》这些小说,最后他们只好搬出了"《沙家浜》的作者"这个名头,县领导听后神情惊讶,毫不犹豫地指示:"请他回来!"

717　1981 年 9 月 29 日,汪曾祺写了一首诗,用一张毛边纸写成一个斗方,寄赠给朱德熙。跋语更像是一封短笺:"四十年前与德熙莲花池小店坐雨,一九八一年九月廿九日曾祺,国庆节后将应邀回故乡小住约一月,书此告别。"诗云:"莲花池外少行人,野店苔痕一寸深。浊酒一杯天过午,木香花湿雨沉沉。"朱德熙把这幅字配了镜框挂在书房里。

718　汪曾祺临行前,答应了《人民日报》的邀约,写一篇报告文学《故乡水》,因此他要先去南京逗留两天,与老同学胡同生交流。胡同生是江苏省水利厅总工程师。

719　1981 年 10 月 6 日中午,汪曾祺给弟弟汪海珊写信告知高邮行的日程安排。晚上即乘车往南京。次日下午 1 点抵南京。

720　10 月 10 日下午 5 点,汪曾祺从南京乘车抵高邮。这是1939 年汪曾祺离开高邮后,42 年来第一次回到故乡。

721　县委办公室负责接待,县长出面宴请。家里办了八桌酒席,亲戚相聚。街坊也出来看"汪大爷",81 岁的唐四奶奶一把抓住汪曾祺的手:"你现在混得不丑哇!"汪曾祺回:"托您老的福!"满街都乐。

1981 年 10 月，汪曾祺（右三）在家乡高邮与家人合影

722   10 月 12 日—14 日，汪曾祺连续在高邮师范、高邮县中及百花书场做了三次报告，主题大都围绕着"文学的语言"。来的人多达五六百人。据在场者回忆，效果并不很理想，学生记笔记记不下来，有的老师也提不起精神，倒是临时插入的与扬州地区业余作者的小型座谈会十分成功。

723   汪曾祺还在某个下午应邀到县委、县政府办公楼，为县委办公室、县政府办公室的十几位秘书做了一场小范围的讲座。多年后,听讲者还记得他说"秘书古称幕僚,就是站在大帐两边的人",又说写作要"袖手于前,疾书于后"。

724　1981 年 10 月 16 日,汪曾祺做了两件事:一是请有关方面召开座谈会,了解高邮的水利治理情况,并请水利局的工作人员借阅有关 1931 年大洪水的资料,一直看了一个月;二是访问了高邮街上的修鞋匠高天威,后来以其为原型创作了小说《皮凤三楦房子》。

725　汪曾祺在高邮住了一个多月。每日看资料,散步,访旧,为人题诗写字。很多人称他"汪老",他不习惯,数次说道:"才六十岁,怎么就称老、称老作家呢?"

726　汪曾祺在家宴时碰到一位以前在草巷口开米厂的亲戚。他跟这位米厂老板聊得挺热乎,什么老桂、头糙、二糙、高尖,什么老式作坊用石碾子碾米,新式米厂用机器轧米,米厂和米店的关系。旁边的小辈亲戚直纳闷:大舅怎么对这些陈年往事那么感兴趣?后来《八千岁》发表出来才知道,这是汪曾祺在有意识做准备。

727　汪曾祺返回北京后,12 月 25 日写了《皮凤三楦房子》,发表在《上海文学》1982 年第 3 期。原型高天威买了一本《上海文学》放在修鞋摊子旁,供顾客阅读。高邮县政府也因为"汪老在小说里都写了",给高天威解决了房子问题,还让他女儿作为"模范个体户"当上了县政协委员。

728　　高天威后来多次致信汪曾祺,提供新材料,希望他写续篇。汪曾祺未回复,只是托亲友解释"这是小说,不是报道"。

729　　1981 年 12 月 18 日,黄药眠率领内地作家访问团应邀出席由香港中文大学主办的"四十年代中国现代文学研讨会"。这是"文革"后第一个访港的内地作家代表团。

获全国奖，作四方游

730 1982 年春节期间，胡乔木去看望沈从文，谈起汪曾祺的创作，评价说"无一句空话"。沈从文后来在致学生吴宏聪信中提到此事，并"重译"胡乔木的评语为自己的习惯用语："对人事有深刻理解，对文字应用效果，也有深刻理解，一切心中有数，所以才能在极普通小小故事中，给读者一种清新印象。"他举的例子是《大淖记事》。

731 1982 年春节期间，汪曾祺到沈从文家拜年，留下来吃饭，师母张兆和炒了一盘茨菇肉片，沈从文吃了两片茨菇，说"这个好！格比土豆高"。

732 1982 年 2 月，汪曾祺返乡的主要成果之一《故乡水》被《人民日报》退稿，理由是"写得生动，但材料太旧，作为报告文学不合适"。汪曾祺曾说要将《故乡水》拆成三篇散文。后来刊于 1985 年第 2 期《中国》的《故乡水》，是全文，还是三篇之一？不知道。

733 林斤澜找到汪曾祺说要给他出书，汪曾祺一副不感兴趣的样子，再三劝说，默默计算，说不够选一本的。1949 年之前的作品，也不太愿意收入集中。林斤澜又劝说：留出时间，再写几篇？答：写什么呀，有什么好写的……。林斤澜说："这么个反应，当时未见第二人。"

734 1982 年 2 月，北京出版社出版《汪曾祺短篇小说选》，列为"北京文学创作丛书"之一种，首印 21000 册。这是汪曾祺新时期复出后的第一本书，收入短篇小说 16 篇，创作时间从 20 世纪 40 年代至 80 年代。

735 1982 年 3 月 10 日，《北京文学》举行授奖大会，200 余人出席。获奖短篇小说 5 篇，《大淖记事》名列其中，《北京文学》副主编讲话时特别提到《大淖记事》，评价是"描写旧中国农村生活的风俗画见长，以优美的文笔展现劳动人民美好的心灵以及他们对幸福生活执着追求的，具有人民性的"。

《汪曾祺短篇小说选》，北京出版社 1982
年 2 月第 1 版

736　1982 年 3 月 22 日，中国作家协会举办的第四届全国短篇
小说奖颁奖大会召开。周扬、丁玲、贺敬之等 500 多人出席。获奖小
说 20 篇，《大淖记事》名列其中。据说评奖过程中，多数评委赞同《大
淖记事》获奖，但也有人认为"结构松散"。这是汪曾祺一生中唯一
一次获得全国短篇小说奖。

737　　汪曾祺参加了颁奖会,话不多。同时获奖的青年作家王安忆回忆,汪曾祺老是教诲她"一定要学习好的语言,一定要学习北方话"。王安忆问:"为什么,南方话不好么?"汪曾祺还是那句"你要学习北方话,你要学习北方话"。

738　　颁奖会后,中国作家协会组织了获奖作者座谈会,《人民文学》的报道主题是"沿着《讲话》开创的道路继续前进"。

739　　汪曾祺在这次座谈会上的发言题目是《要有益于世道人心》,要点有二:一是"写旧生活,也得有新思想。可以写混乱的生活,但作者的思想不能混乱";二是"社会主义国家的作家写作,还是得考虑社会效果,真不该是作者就是那样写写,读者就是那样读读"。

740　　1982 年 4 月,汪曾祺与林斤澜、刘心武,应四川省作家协会及四川人民出版社之邀,经陕西赴四川访问讲学。同时被邀的还有广东的孔捷生与贵州的何士光。

741　　四川之行,汪曾祺写了不少诗文,如《成都小吃》:"十载成都无小吃,年丰次第尽重开。麻辣酸甜滋味别,不醉无归好汉来。"这首诗他后来抄给了朱德熙。

742　四川之行，五位作家花了四川省作家协会四千块钱。汪曾祺在 1982 年 6 月 27 日致妹妹汪丽纹的信中表示：怎么也得给人家写一点东西，而且"江西、湖南、大连都约我去，我实在有点害怕了"。

743　1982 年 6 月 29 日，汪曾祺重写了小说《职业》。这篇小说在昆明就写过，1980 年、1981 年又两次重写，可见作者的在意与偏爱。汪曾祺后来确实说过，最满意的小说是《职业》。这篇小说交给《人民文学》，编辑刘心武问："为什么这样短的小说用这样大的题目？"读完后说："是得用这样大的题目。"

744　1982 年 7 月 28 日，汪曾祺因工作证丢失，写了一份报告，请北京京剧院补发工作证。报告写得很不像样，全文是："请准予补发工作证。我的工作证记得是放在家里，但最近翻箱倒柜，一直找不到。我因急用（有一笔较多的稿费待取），需要工作证，特请予补发。我生性马虎，常将证件之类的东西乱塞，今后当引以为戒。"

745　1982 年 8 月下旬，汪曾祺与林斤澜、邓友梅一起，在《北京文学》编辑陪同下，游访新疆、甘肃。行程中并不全是愉快的回忆，如某位部队司机，被派遣送作家们去尼勒克，但他带了太多的私货，于是把汪曾祺塞在大箱小包的缝儿里，还说："老头，你给好好看着点！"

746　因为小司机实在不像话,有时认识个小姑娘就跑不见了。《伊犁河》主编郭从远批评了他一顿,结果回伊犁时司机把郭从远扔在草原上,让他自己坐班车回去。邓友梅气坏了,后来写短篇小说《戈壁滩》,即以此次行程说明"'文革'对美好人性的摧残"。但汪曾祺当时说了句:"'文化大革命'十年熏陶出来的人,你想一个早晨改变他,是不是太浪漫了!"邓友梅十分佩服汪曾祺的淡定,回北京后把《六祖坛经》找出来重读了一遍。

747　汪曾祺在乌鲁木齐期间逛"巴扎",见到有极大的白芸豆,有大拇指头顶儿那样大,很想买一点。但考虑到数千里外带一包芸豆回北京,有点"神经",终于没有买。

748　汪曾祺在兰州听一位青年诗人说了一件事:某次赶"花儿会",听见婆媳二人用韵语交谈,"这媳妇走进一个奶奶庙去求子。她跪下来祷告。那祷告词是:今年来了,我是跟您要着哩;明年来了,我是手里抱着哩,咯咯嘎嘎地笑着哩"。汪曾祺大为惊奇,说这是"用诗交谈",此后多次举此例以说明"民间文学的智慧"。

749　汪曾祺访问新疆、甘肃一个月,1982 年 9 月 22 日在兰州就开始写作系列散文《天山行色》,回到北京后 10 月 7 日完成,共 10 篇,实际字数 9300 余字,是汪曾祺散文中罕有的长篇。

750 1982 年 11 月 16 日,汪曾祺应湖南人民出版社之邀,往长沙、湘西半月行,同行者有蒋和森、柳鸣九、谌容等。

751 在长沙见到作家陈国凯,汪曾祺哈哈一笑:"陈国凯,想不到你是这个鬼样子。"他以为陈国凯长得高大,没想到骨瘦如柴。陈国凯反唇相讥:"老兄,我也想不到你是这个鬼样子……看你的文章,以为你长得清秀。原来像个酒肉和尚。"大家哈哈地笑。

752 1982 年 12 月,汪曾祺为湖南之行写就《湘行二记》,刻意用了《桃花源记》《岳阳楼记》为题,隐有与古人一较之意。

753 汪曾祺为沈从文八十大寿写了一首七律贺诗,开头是"犹及回乡听楚声,此身虽在总堪惊",端木蕻良很赞赏"犹及"二字,汪曾祺自己比较满意的大概是颈联:"玩物从来非丧志,著书老去为抒情。"

754 1982 年 12 月 1 日,北京市作家协会与市文联联合召开了第二次"北京市部分作家作品讨论会",主要针对的作家是邓友梅、汪曾祺、林斤澜、陈祖芬。到会 50 余人,收到论文 16 篇。汪曾祺与邓友梅参会,汪曾祺的发言题目是《回到现实主义,回到民族传统》。

755　　1983 年 1 月 18 日,汪曾祺致信妹夫金家渝,请他帮忙了解高邮做烧饼的"七拳半",内容很细:"他的身世,他家有几个人,他结婚了没有,他打烧饼的手艺如何,他跟哪些人来往,他业余有些什么兴趣,他说话有些什么习惯,他的'人缘'好不好,他晚上住在店里还是家里……总而言之,有关他的一切。"汪曾祺也知道"这样间接了解,是不大可能写出作品来的",他后来写过《吴大和尚和七拳半》,上述材料全没用上。

756　　《十月》杂志专刊《长篇小说》创刊,编辑母国政被分配联系汪曾祺,上门约稿。汪曾祺说,想写长篇,"还只有写高邮",并且说"不一定有多大意思,只是想让大家知道,还有这样一种形式的长篇小说"。母国政立即想到了萧红的《呼兰河传》,敦促汪曾祺动笔,汪曾祺说,他需要回高邮住一段时间,但总是难于成行。

757　　1983 年 3 月,汪曾祺读到《人民文学》第 3 期发表的湖南作家何立伟短篇小说《小城无故事》,觉得"很新鲜……曾经很熟悉,但又似乎生疏了很多年了"。他担心作者会受到批评,也担心《人民文学》会受到批评,担心某些读者和评论家会看不惯这样的小说,担心他们对看不惯的小说会有非议。好在这些担心的事并没有发生。

758　　老同事刘锡诚来为《北京师范学院学报》约稿,希望汪曾祺写一篇创作谈。汪曾祺先是不肯答应,说这类文章很难写,不知道该怎么写——当时正在批判人道主义,汪曾祺觉得很难说真话。刘锡诚再三劝说,汪曾祺才答应试试。后来写成《我是一个中国人——散步随想》,文中颇有些吞吞吐吐,但还是坚定地表示自己是"一个中国式的抒情的人道主义者",并说自己的人道主义"不带任何理论色彩,很朴素,就是对人的关心,对人的尊重和欣赏"。

759 1983 年 6 月 15 日,汪曾祺致信刘锡诚,专为刚交稿的《我是一个中国人——散步随想》:"这篇短文,写前即颇犹豫。写的时候倒是放笔直书,说了些真话。寄出后,又很犹豫。这篇东西真可能是左右俱不逢源,姥姥不疼,舅舅不爱。我是写小说的,朋友们都劝我不要发议论。我想也是。好端端的,招来一些是非,何必呢?"汪曾祺希望刘锡诚和师院方面商量一下,最好不要发表,"近来文艺界似乎又有点风吹草动,似宜'默处'为佳"。这封信让人想起当年汪曾祺受巴金、李健吾之托,写信劝沈从文写小说,不要写杂文发议论。

760 1983 年 3 月末,汪曾祺应《北京文学》之邀,到门头沟为北京市青年作者短篇小说创作班授课。一位公社书记告诉汪曾祺:有一天,大队书记开完会,收拾会场时,发现会议桌的塑料台布上有一些用圆珠笔写的字。这些字迹是对面坐着的两位大队书记写的,一人写一句,写的是《受戒》里明海和小英子的对话。这件事让汪曾祺很感动,也促使他思考自己的作品能在精神上给读者什么。

761　　1983 年 4 月,汪曾祺与林斤澜、从维熙、邓友梅到山东几个地方讲课。菏泽的牡丹极好,但水没法喝,不论是青茶、绿茶,沏出来全是"红茶",颜色深如酱油,入口咸涩。两天后到梁山,一住进招待所,汪曾祺做的第一件事,就是先用不带碱味的水沏一杯茶喝。

762　　在菏泽给文学爱好者做报告时,有人递条子问:"汪曾祺同志:你近年写了一些无主题小说,请你就这方面谈谈看法。"汪曾祺当时因为时间关系,没有回答,后来在平原县才补答了这个问题。

763　　汪曾祺强调自己的小说都是有主题的,菏泽听众可能指的是《钓人的孩子》《珠子灯》等。汪曾祺说,前者主题是"货币使人变成魔鬼",后者是"封建贞操观念的零落"。汪曾祺还说,主题最好不要让人一眼就看出来。

764　　1983 年 5 月 4 日,北京大学 85 周年校庆日,西南联大在昆明开学 45 周年纪念日,西南联大北京校友会在北京大学成立。

765　　1983 年 6 月 20 日,汪曾祺去张家口讲学,为此错过了与老友黄裳在北京晤面。汪曾祺告诉黄裳,这次主办方有点近于"绑票",还没有跟他谈妥讲学的事,报纸上已经登出广告,票也发出去了,自己只好"就范"。

766　　汪曾祺走出张家口南站时,感慨地说:"二十三年前,我是戴着'帽子'走出这个站口的!"

767　　1983 年 6 月 23 日,汪曾祺重访沙岭子农科所旧地,人事全非,果园很荒凉,平房都拆了,迎面碰上两个以前一起干活的妇女,问"是不是老汪",汪曾祺问其中一位:"你和你丈夫还打架吗?"她回:"偓(我)都当奶奶了!"

768　　汪曾祺在沽源手绘的那套马铃薯图谱,也在"文化大革命"中毁了。汪曾祺感慨"这一代的人都糊里糊涂地老了"。

769　　1983 年 6 月前后,沈从文因脑溢血住院,历两月后出院。汪曾祺打电话让朱德熙夫妇去看望。他们去的时候,汪曾祺、施松卿和张兆和正围着坐在藤椅上的沈从文说话。有位中医在给沈从文治疗,也顺便帮汪曾祺、朱德熙把脉并开了药方。

770　　1983 年 8 月 1 日,汪曾祺完成了《故里三陈》。汪曾祺自己说,这组小说是"急就"的,因为王蒙新任《人民文学》主编,要集中发一堆 5000 字以内的短小说,等米下锅,逼得汪曾祺在酷暑中用两个上午约 4 个小时赶出来三篇,总共不到 8000 字。

771 　　王蒙看了《故里三陈》后,想用《陈小手》作为杂志头条,但这样做,同期就不能发后两篇。王蒙找汪曾祺商量,偏巧汪去了密云开会,找不着人,只好三篇一起发了。就这样,《人民文学》错过了用《陈小手》做头条,否则会是"带点爆炸性的大胆做法"(汪曾祺语)。

小说《故里三陈》手稿

有了"一间自己的屋子"

772　写完《故里三陈》，汪曾祺终于搬家了。从甘家口搬到丰台区蒲黄榆路 9 号楼 12 层 1 号，三居室。这里是施松卿任职的新华社宿舍楼，也是 20 世纪 80 年代北京最早建造的高层居民楼。

773　迁居对汪曾祺意义重大，他终于有了"一间自己的屋子"，集睡觉、写作、待客于一室，不但有地方写稿，还可以画画。小屋很快就堆满了一卷卷、一堆堆的画，有时连个下脚的地方都没有。

774　"蒲黄榆"由东蒲桥、黄土坑、榆树村三个地名组合而成。

后来榆树村变成了方庄小区。1983 年，这里还有一个养猪场，有一家人养了二三十只火鸡，北边有一个卖花木的小林场，有一座小庙，一片菜地。汪曾祺喜欢逛菜园，有时也蹲下来跟老菜农聊聊，看刚长出来的黄瓜、西红柿、青辣椒。

775　　20 世纪 80 年代很少人有住 12 层高楼的经验。朱德熙夫妇第一次来汪家新居，找不到电梯，只好徒步爬上来。

776　　汪曾祺跟朱德熙讲，以为楼高安静，其实不然，楼越高，下面的声音越清楚，附近两个公交站，一个内燃机厂，人声、机器声嘈杂不堪，而且，"不接地气"。

777　　1980 年 9 月 16 日，汪曾祺在致弟弟妹妹信中透露，自己想回高邮住住，想写一部反映高邮生活的长篇，"也许以运河的变迁为主干"，得用几年工夫；又说长篇历史小说《汉武帝》已经列入人民文学出版社 1985 年的发稿计划。

778　　1983 年 11 月底，汪曾祺到徐州参加文学交流，有作者问"文学当中反面人物怎么写"，汪曾祺说："以往用小丑的标准写反面人物，错了。在特定的地点、环境中，反面人物要正面写，不怕他大智大勇。否则，正面人物不是太苍白了么？"

779 1983 年某月，汪曾祺致信京剧院的"小同事"徐城北，谈到自己的京剧理想，说："我不脱离京剧，原来想继续二十七年前的旧志：跟京剧闹闹别扭。但是深感闹不过它。在京剧中想要试验一点新东西，真是如同一拳打在城墙上！你年轻，有力气，来日方长，想能跟它摔一阵跤。"

780 1984 年 2 月 1 日，癸亥除夕，汪曾祺作《一九八三年除夜子时戏作》："六十三年辞我去，飘然消逝入苍微。此夜欣逢双甲子，何曾惆怅一丁儿。秋花不似春花落，黄鸟时兼白鸟飞。敢与诸君争席地，从今泻酒戒深杯。"

781 1984 年 2 月 2 日，甲子春节，汪曾祺作荷花图赠朱德熙夫妇，录前诗并加跋语："……我已将近二年所作小说结为一集，名《晚饭花集》，交人民文学出版社，今年上半年可出版。今年不拟多外出，将啃一块硬骨头，历史小说《汉武帝》。曾祺敬问德熙、孔敬新春大吉。"3 月，朱德熙被任命为北京大学副校长。

782 1984 年 2 月 7 日，汪曾祺应邓友梅之邀作文艺评论《漫评〈烟壶〉》，后来发表在《文艺报》1984 年 4 月号。邓友梅回忆，文章发表后他向汪曾祺致谢，汪说："先别高兴，我还有话没写上呢。你那个库兵不行，是个多余的人物，这篇小说没他什么事也碍不着，只因为你对这种人物有兴趣就写上了。这不行！破坏了结构的严谨。我只在文章中说你九爷写得好，没提这写得不好的库兵，给你留点面子，当面这意见还得告诉你！"

783 　1984 年 3 月，汪曾祺的小女儿汪朝调入新华社中国图片社工作。

784 　汪曾祺的《天山行色》被评为《北京文学》1983 年优秀作品，且是唯一的散文。1984 年 3 月 14 日下午，汪曾祺参加了颁奖会。《北京文学》编委、编辑部主任周雁如主持，副主编苏辛群宣布获奖篇目并介绍评奖情况。北京市文联副主席阮章竞颁奖。这次评奖自 1981 年 11 月随刊发出启事，经读者投票、编委扩大会复评后确定，共有 10 篇作品获奖。

785 　汪曾祺接到老同学巫宁坤来信，要他画一张"有昆明特点"的画。1984 年 3 月 20 日，汪曾祺画了一张仙人掌、青头菌和牛肝菌，题跋云："昆明人家常于门头挂仙人掌一片以辟邪，仙人掌悬空倒挂，尚能存活开花。于此可见仙人掌生命之顽强，亦可见昆明雨季空气之湿润。雨季则有青头菌、牛肝菌，味极鲜美。宁坤属画，须有昆明特点，为作此图。一九八四年三月廿日，是日大风，不能出户，曾祺记。"

786　1984 年 3 月 30 日，汪曾祺完成散文《老舍先生》，刊于《北京文学》1984 年第 5 期，后来获得 1984 年度"《北京文学》奖"。

787　孙犁在《读小说札记》第五则里，提及汪曾祺的《故里三陈》："去年读了汪曾祺的一篇《故里三陈》，分三个小故事。我很喜欢读这样的小说，省时省力，而得到的享受，得到的东西并不少。它是中国的传统写法，外国作家亦时有之。它好像是纪事，其实是小说。情节虽简单，结尾之处，作者常有惊人之笔，使人清醒。有人以为小说，贵在情节复杂或性格复杂，实在是误人子弟。情节不在复杂，而在真实。真情节能动人，假情节使人厌。宁可读一个有人生启发的真情节，不愿读十个没有血肉的假情节。我晚年所作小说，多用真人真事，真见闻，真感情。平铺直叙，从无意编故事，造情节。但我这种小说，却是纪事，不是小说。强加小说之名，为的是避免无谓纠纷。所以不能与汪君小说相比。"

788　1984 年 4 月 16 日，汪曾祺的外孙女齐方（汪明之女）出生。

789　1984 年 4 月 22 日，中国戏剧家协会北京分会举办的戏曲表演艺术讲习班开班。讲习班为期两个月，培养对象为首都中青年优秀戏曲演员，授课人中有汪曾祺，还有张庚、刘厚生、阿甲、李紫

贵、夏淳、郭启宏、吴乾浩、袁世海、李金泉、王金璐、李慧芳、于是之、
刁光覃等。

790 　　1984 年夏，朱德熙到昆明郊区县城中学讲学，寻访旧居
染布巷 24 号。朱德熙买了染布巷一家杂货店的旧酱豆腐坛子，回京
后做成一盏台灯。汪曾祺、施松卿来访看到，赞不绝口。

791 　　1984 年 8 月前后，汪曾祺参与修改京剧剧本《贺家姐妹》。
这个剧本由黄宗江、宋词合作，以贺龙元帅姐妹为题材。汪曾祺为此
还去了贺龙故乡湖南桑植考察。

792 　　1984 年夏秋之际，《新观察》前编辑石湾来约稿。石湾等
人正在筹备大型文学刊物《中国作家》。汪曾祺许诺："花力气给你
写一部有分量的东西——历史小说《司马迁》！"

793 　　为准备《汉武帝》创作，汪曾祺给泌尿医学专家吴阶平写
信，询问"宫刑"的详细情形，列出六个问题请教。吴阶平的回信回答
了部分问题。

794 　　1984 年 8 月、9 月间，北京京剧院成立国庆三十五周年献
礼节目领导小组，汪曾祺是成员之一。汪曾祺参与了六台节目中两
台的创作：一是阎肃、汪曾祺编剧，迟金声导演的现代戏《红岩》，由一

团排演,阵容最强,谭元寿、马长礼、张学津、高宝贤分别扮演许云峰、
徐鹏飞、华子良、李敬原;二是由汪曾祺改编剧本,特邀尚长春导演的
传统戏《钟馗嫁妹》。

795　　1984 年 8 月 16 日,汪曾祺给陆建华回信,劝他不要搞
"汪曾祺著作年表",说自己写的东西太少,"年表这东西,是著作等
身的大作家才值得为之一写的(就是大作家的年表也很少有人看,除
非是研究他的人)"。

796　　汪曾祺在信中又提到自己想回高邮住住,熟悉新生活。
他说自己之所以新作不多,一方面是"陈货贩得也差不多了","客观
上是因为我被拉进剧院国庆三十五周年献礼节目的领导小组,老是
开会,看剧本,还要给一些不像样的戏打补丁,思想集中不起来"。

797　　1984 年 9 月 16 日,汪曾祺与杜运燮、萧荻、刘北汜、何扬、
秦泥等西南联大同学聚谈,共同回忆了当年冬青文艺社的有关情况。

798　　1984 年 11 月,汪曾祺应邀担任郑州百花园杂志社即将
创刊的《小小说选刊》顾问,并题写贺词:"小小说如斗方册页,须以
小见大,言近意远,笔精墨妙,以己少少许,胜人多多许。"

799　　1984 年 12 月 29 日,汪曾祺参加在京西宾馆举行的中国

作家协会第四次会员代表大会。巴金委托唐达成宣读了开幕词,题为《我们的文学应该站在世界的前列》。出席开幕式的党和国家领导人有胡耀邦、万里、习仲勋、谷牧、胡启立、乔石、薄一波等。下午,中国作家协会副主席张光年做大会报告《新时期社会主义文学在阔步前进》。

800 　　1985 年 1 月 5 日下午,中国作家协会第四次代表大会宣布选举结果,汪曾祺当选为 236 名理事之一。

801 　　作家铁凝在第四次作代会期间结识汪曾祺。她后来回忆:"当时我并没有想迎上去打招呼,越是自己敬佩的作家,似乎就越不愿意突兀地认识。"但是汪曾祺走到铁凝跟前,慢悠悠地说:"铁凝,你的脑门上怎么一点头发也不留呀?"

802 　　1985 年 1 月 6 日,中国作家协会第四届理事会第一次会议选出主席团,巴金当选中国作家协会主席,丁玲、王蒙、冯至、冯牧、艾青、沙汀、陆文夫、张光年、陈荒煤、铁依甫江等为副主席。

803 　　开完第四次作代会当天,汪曾祺、林斤澜陪同作家张弦到沈从文寓所访问,张弦希望将沈从文的小说《萧萧》改编成电影剧本。张兆和接待了他们。

804　1985 年 3 月 20 日，汪曾祺又陪同张弦及北京电影学院青年电影制片厂副厂长柳城访问沈从文，听取沈从文对电影剧本《萧萧》的意见。柳城还和汪曾祺口头约定，由北影青年电影制片厂将《大淖记事》改编拍摄为电影。

805　汪曾祺在 1985 年 2 月 2 日给妹夫金家渝的信中说，此前接到高邮县人民政府请柬，邀请自己参加苏轼、孙觉、王巩、秦观四贤雅集高邮文游台 900 周年纪念会。汪曾祺说，因苏北天寒，又有事在身，不能出席纪念会了。

《晚饭花集》首印近五万册

806   1985 年 3 月,汪曾祺的短篇小说集《晚饭花集》由人民文学出版社出版,收入作者 1981 年下半年至 1983 年下半年所作的短篇小说,共 19 篇,其中 6 篇是各含三题的系列小说。《晚饭花集》首印 47000 册。

807   1985 年 4 月 18 日,汪曾祺参加了莫言新作《透明的红萝卜》研讨会。会议在北京华侨大厦举行,由《中国作家》主编冯牧主持,参加者有史铁生、李陀、雷达、曾镇南等。

《晚饭花集》，人民文学出版社 1985 年 3
月第 1 版

808　　学者许子东也在《透明的红萝卜》研讨会现场，他对汪
曾祺的发言印象最深。莫言这篇小说里有一个核心情节：石匠和铁
匠都喜欢菊子，铁匠老是欺负小黑孩，石匠对小黑孩很好，最后铁匠
和石匠打起来了，小黑孩居然下狠招去帮助对他不好的铁匠，害得石
匠受伤瞎了眼睛。汪曾祺先问大家：你们觉得他为什么要这样写？
接着又解释说：这个小男孩暗恋菊子，虽然一个男的对他不好，可是他更恨对菊子好的男人,他写了一个弗洛伊德的潜意识。莫言在旁边不说话。许子东说:"我估计莫言是第一次听到弗洛伊德。"

809　　1985 年 5 月 26 日,汪曾祺在给裘盛戎的学生、京剧演员方荣翔的信中,提及自己刚刚发表的剧本《裘盛戎》:"剧本的情节很多是虚构的,但是把盛戎这个'人'写出来了。重读剧本,我自己还是颇为感动。这个戏,演出大概是很困难了,上哪儿去找这么几个老中青三代裘派花脸去?不过我想这戏可能会有人改成电视剧的。改为电视剧,盛戎由你来演最合适,因为你了解他。如果有人征求我的意见,我当把你推荐给他们。"

810　　1985 年 7 月 7 日,湖南作家何立伟到汪家拜访,汪曾祺即兴画了一张芍药图送他。

811　　1985 年 7 月,《上海文学》副主编杨晓敏偕编辑姚育明拜访汪曾祺,姚育明回忆:"北京正崛起的中青年作家……提到拜码头得首拜汪曾祺老头。这话令人想起侠士一类的人物,谁知见了面,竟是个极普通的老头,个儿不高,双肩、肚子也不富态,皮色倒有点江湖色,黑,但神韵缺乏刀箭手的冷峻之气。领导问他讨刚出的《晚饭花集》,他和气地说好好,站着用毛笔题了字,领导说还有小姚呢,他也说好好,仍站着题了字……他请我们吃饭,席间斟了白酒,用蓝边白瓷碗,同去的领导虽是女流之辈,但也好酒,我们碰盏对饮,均豪气十足。"

812　　1985 年 8 月初,汪曾祺、施松卿去看朱德熙。朱德熙刚由昆明回来,带回一块宣威火腿。汪曾祺就着火腿喝了大半瓶洋酒、大半瓶茅台。他跟朱德熙谈天,谈着谈着,谈到昆曲。汪曾祺问朱夫人何孔敬:"孔敬,你和德熙唱昆曲,最喜欢哪出戏?"朱德熙说:"她会《游园惊梦》。我去拿笛子,你吹,由孔敬来唱。"汪曾祺说自己门牙没了,不知道还能不能吹。他试了试,笑嘻嘻地说:"奇怪,门牙没有了,还能吹。"

813　　1985 年 8 月 8 日,汪曾祺给金家渝写信,说自己 10 月份要去香港,为此拔掉了残缺的牙齿,全部装了假牙,跟着还有做衣服、办护照等一系列准备工作。

814　　1985 年 10 月 2 日,汪曾祺随中国作家代表团从北京飞往广州,准备赴香港访问。代表团一行 15 人,团长艾芜,副团长陆文夫、邵燕祥。团员有汪曾祺、高晓声、陈国凯、古华、黄裳、陈敬容、杨犁、晏明、贺捷生、张辛欣和范宝慈等。此次访问的邀请方是香港中华文化促进中心。

815　　访港作家代表团与近 40 名香港作家及文化界人士在大屿山梅窝管理营发起了作家交流营,从 10 月 12 日开始,为期三日两

1985年秋，汪曾祺夫妇与外孙女（左）、孙女（右）

夜。汪曾祺的发言题为《寻根》，谈了自己对文坛刚刚兴起的"寻根"思潮的理解："一个中国作家应当对中国文化有广博的知识和深刻的理解，他的作品应该闪耀出中国文化的光泽。否则中国的作品和外国人写的作品有什么区别呢？"

816　　经人介绍，汪曾祺认识了香港作家、编辑古剑（辜健），古剑后来成为汪曾祺著述在港台发表、出版的代理人。古剑读汪曾祺文字，始于小说《寂寞和温暖》，当时感动得泪水糊眼。

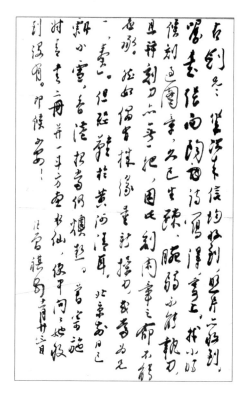

1985 年 11 月 23 日汪曾祺致古剑书信

817　　高晓声曾和汪曾祺住一间房，他说自己喝酒的习惯是坐到饭桌边才喝，其他时间不喝，"汪曾祺则随意，该喝的时候喝，不该喝的时候也喝"。

818　　1985 年 10 月 15 日，香港《文汇报》发表了古苍梧（古兆申)的文章《汪曾祺的〈复仇〉》,文中说:"我所惊叹的是汪曾祺意识流技巧运用得那么纯熟,那么不露痕迹,比七十年代后期、八十年代初期国内许多作家都要高明。"

819 1985 年 11 月,从香港回到北京后,汪曾祺开始连日读何立伟小说,"尽两日之功"为何立伟即将出版的小说集《小城无故事》写了题为《从哀愁到忧郁》的序言。

820 1985 年 11 月 27 日,汪曾祺与夫人施松卿去看望沈从文,在沈家遇见云南作家彭荆风与女儿彭鸽子。汪曾祺用昆明话和彭鸽子聊天,和她谈昆明的小吃,炒饵块、小锅米线、汽锅鸡……彭鸽子回忆说:"他在昆明生活多年,虽然听得懂昆明话,想说好方言就不大容易,语音很难说准,说得怪声怪气的,逗得我哈哈笑。"

821 1985 年岁末,《瞭望》周刊以《作家十人谈》为总题,约请冰心、汪曾祺、蒋子龙、王愿坚、刘心武、刘再复、流沙河、王安忆、张辛欣、高莽共 10 位作家笔谈该年度文学状况。汪曾祺的笔谈《待遣春温上笔端》中说"一个作家的路是他自己走出来的","希望青年作家能写一点叫人欢悦的作品"。

822 1986 年 1 月,新成立不久的济南电视台将汪曾祺 20 世纪 60 年代创作的《雪花飘》改编成电视剧,由山东省京剧团方荣翔主演。济南台将剧本稿酬送给方荣翔,方荣翔又寄给了汪曾祺。汪曾祺收到后当即退还,同时附信对这次改编大为感慨,并说:"此剧曾经裘先生大改,此次你又加工再三,稿酬由你受领当之无愧!"

823　1986 年 1 月 15 日,汪曾祺致信妹夫金家渝,嘱亲友向家乡人解释:关于高北溟、高大头的小说"不是报告文学,更不是传记,所写的事很多是虚构,希望大家不要信以为真,不要一件事一件事去核对"。

824　1986 年 4 月,北京市文联任命林斤澜为《北京文学》主编,李陀、陈世崇为副主编。

825　1986 年 4 月 29 日,高邮县文学艺术工作者第一次代表会议结束。高邮县文联成立,汪曾祺被聘为名誉主席。不过因为请柬寄晚了,汪曾祺未出席文联成立大会。

826　1986 年 5 月 2 日,居京的扬州籍名医耿鉴庭赴扬州开会。行前,汪曾祺嘱咐他顺道访问扬州安乐巷 27—29 号的朱自清故居。抗战期间,朱自清的父亲朱小坡(鸿钧)曾找耿鉴庭医治口齿,因而相熟。故居的房东姓陈,向耿鉴庭展示了朱小坡的两件遗物,一块长方形练字砖,一只刻字笔筒。耿鉴庭两手空空,勉强把笔筒上的字拓下来,带回北京给汪曾祺看。

827　　1986 年 5 月 28 日,美国爱荷华大学国际写作计划(International Writing Program,the University of Iowa,简称 IWP)主持人、美籍华人女作家聂华苓与她的丈夫、该计划顾问、美国诗人保罗·安格尔(Paul Engle),应中国作家协会邀请访华。这是聂华苓第四次访问中国大陆。

828　　《文艺研究》1986 年第 3 期发表李陀的评论《意象的激流》。文章把新近涌现的青年作家何立伟、阿城、韩少功、贾平凹、郑万隆、莫言与汪曾祺联系到一起,指出"自从这批后生小子相继出现,并以他们的作品形成一种人们再也不能忽视的文学现象之后,汪曾祺就不再是孤独的一片闲云","与其把汪曾祺'归入'这一艺术群体,莫若说他是这一群体的先行者,一只相当偶然地飞在雁群之前的头雁"。

829　　1986 年 5 月 26 日,汪曾祺赴常德参加由北岳文艺出版社主办的通俗文学讨论会。此次会议的参加者还有谢永旺、浩然、冯育楠、钱锋等,以及 8 家文艺出版社及部分通俗文学刊物的编辑。

830　　汪曾祺深感雅俗文学并无截然界限,在通俗文学讨论会上即席赋诗:"北岳谈文到南岳,巴人也可唱阳春。渔父屈原相视笑,两昆仑是一昆仑。"

831 5 月 29 日,会议安排游索溪峪、宝峰湖、张家界,住在第一招待所(专家村)。汪曾祺发现饭厅挂着黄永玉的泼墨大中堂《索溪无尽山》。5 月 31 日从张家界回到专家村,招待所所长请汪曾祺写对联,以与黄永玉的画相配。汪曾祺写了"欹枕听雨,开门见山"八个大字。

832 1986 年 6 月 23 日—27 日,中国科学院昆明植物研究所名誉所长吴征镒院士来京,参加中国科协第三次全国代表大会。吴征镒是西南联大旧友,朱德熙写信告知汪曾祺,约了几位老友见面叙旧、谈诗、论曲。席间说起陶光曾送给吴征镒一副对联:"为有才华翻蕴藉,每于朴素见风流。"汪曾祺后来作文《博雅》,说当面称吴征镒的学术著作是"植物诗",吴没有反对。

833 1986 年 6 月,高邮县文联副主席陈其昌致信汪曾祺,希望送一本《晚饭花集》给高邮文联并题字。汪在封面题诗寄赠:"风流千古说文游,烟柳隋堤一望收。座上秦郎今在否,与卿同泛璧湖舟。"

834 1986 年 7 月 9 日,汪曾祺复高邮文学青年王树兴信。王曾来信告以《炒米和焦屑》引《板桥家书》炒米"最是 ×××× 之具"中空白四字应为"暖老温贫",汪复信感谢,承认失记。1992 年,汪曾祺在《对读者的感谢》一文中又提到此事。

835　　《小说选刊》1986 年第 7 期转载了汪曾祺的《桥边小说三篇》。汪与编辑张日凯通电话时问他："你怎么看上了这几篇东西？三篇小说其中两篇有人物无故事，一篇几乎连人物也没有，只有一点感情，这算小说吗？"张答道："是地地道道的小说。"

836　　1986 年 7 月 5 日，汪曾祺完成小说《安乐居》，此前他在给陆建华的信中提及创作动机："这几天还要为《北京文学》捉摸一篇'京味小说'。林斤澜当了主编，第一炮想打出'京味小说'，我不得不捧他的场。这种由别人出题目的小说是写不好的，我过去也从未这样干过。但愿能打 70 分，不要自己砸了牌子。"

837　　1986 年 7 月 12 日出版的《文艺报》之《我与新时期文学》栏目刊出林斤澜《旧人新时期》，谈论自己的三位老友汪曾祺、邓友梅、高晓声的小说观，提到了汪曾祺的两条优势："遇到比我年轻的汪'派'，我常说汪有两条：一是语言功力；二是六十大几的人，艺术感觉还这样敏锐。这两条都很难得，真真算是一个作家。"

838　　1986 年 9 月 2 日，汪曾祺参加《文艺报》为庆贺巴金《随想录》五集完稿而召集的首都文艺界人士座谈会。在这次会上，汪曾祺称巴老"始终是一个痛苦的流血的灵魂"，"与那些文过饰非的人不同,他对'文革'的反思,是把自己看作'债主',自我解剖达到了近乎残酷的程度。同时,又能超越苦难,恢复自信心,对未来充满希望。这正是巴老了不起的心灵历程!"

839 1986年7月15日,汪曾祺赴密云水库参加北京市文化局组织的新剧作讨论会。会议开了半个月,讨论了24个新创作剧本,其中10余个剧本受到肯定与好评,认为可以较快投入排演,其中包括汪曾祺的《一捧雪》、梁清濂的《鼓盆歌》。

840 1986年8月23日,汪曾祺同一天参加了两个纪念老舍逝世二十周年的会议。一个是由《新剧本》、北京市老舍研究会、《戏剧电影报》、北京市作家协会和北京市文联研究部联合举行的老舍先生逝世20周年纪念会,另一个是由《北京文学》编辑部、《光明日报》文艺部联合举办的老舍创作讨论会。

841 在《北京文学》《光明日报》组织的老舍创作讨论会上,汪曾祺说:"老舍先生的死是悲壮的,在当时的情况下,老舍有两个选择:一个是司马迁之路,忍辱负重;二是屈原之路。老舍先生选择了屈原的道路。"

842 1986年9月22日,上海昆剧团应文化部约请晋京,在人民剧场首场演出,持续到10月10日。汪曾祺连日观看演出,还买票请朱德熙看。

843   某日,汪曾祺与女儿汪朝一起看了岳美缇、计镇华、梁谷音等主演的《琴挑》《扫松》《烂柯山》等折子戏,走出剧场时汪朝说:"这戏的节奏也太慢了,怪不得人家说京剧要灭亡,对吧?"汪曾祺还沉浸在看戏的激动和享受中,恼火地说:"胡说,说这话的人才该灭亡!"

844   1986 年 10 月,汪曾祺受西南联大校友会委托,为庆贺西南联大校友、美国华裔物理学家李政道 60 岁寿辰及宇称不守恒定律发现 30 年,作诗并书赠李政道:"三十年前三十岁,回头定不负滇池。学成牛爱陈新意,梦绕巴黔忆故枝。先墓犹存香雪海,儿孙解读宋唐诗。即今宇内承平日,正待先生借箸时。"

845   汪曾祺又画了一幅画送给李政道。画上绘茶花、青头菌、牛肝菌、石榴、蒜头、红辣椒等云南特产。画的跋语作:"西山华亭寺滇茶花开如碗大,青头菌、牛肝菌皆蔬中尤物。写慰政道兄海外乡思。"

846   1986 年 10 月 11 日,汪曾祺为鲁迅文学院第八期作家班、第一届进修班讲课,题为《谈创作》。

847　林斤澜回忆,1986 年冬天作代会开过那几天,多次在夜间接到长途电话,问:"汪老汪曾祺在家吗?"有一次来电者是鲁迅文学院的学生,林就追问是怎么知道这个电话号码的,对方说是汪曾祺本人在作代会上说的。"过后我打电话问曾祺怎么回事,曾祺说他只记住一个号码。我问你自己家的不记得? 电话里断然回答:'我没有给自己打过电话。'"

848　1986 年 11 月 11 日—24 日,《北京文学》在北京上园饭店举办青年小说作者改稿班,参加者是《北京文学》从 6 月份以来征集来稿中遴选的全国各地 10 位作者。汪曾祺与陈建功、张陵、李洁非、罗强烈等作家和评论家应邀到会座谈交流。

849　1986 年 10 月下旬,江苏文艺出版社请叶至诚、叶兆言父子和《雨花》杂志老主编章品镇出面,邀请汪曾祺、黄裳和林斤澜夫妇游南京、扬州。叶兆言负责全程联络及后勤安排。

850　1986 年 10 月 27 日,汪曾祺从扬州回到高邮。晚饭后,汪曾祺在亲属簇拥下回到竺家巷老宅看望继母任氏,见面后仍一如既往地行跪拜礼,被家人拦住,乃单膝跪地打千礼拜了。

851　1986 年 10 月 28 日上午,汪曾祺出席《高邮县志》编写座谈会,评审新编《高邮县志》初稿。会上邂逅读县立五小时的同桌许长生(许荫章)与初中的国文老师张道仁,几人叙旧聊天。

852   1986 年 11 月 3 日,中国当代文学国际讨论会在上海金山宾馆举行。40 多位作家、评论家,50 多位国外汉学家参加。汪曾祺与高晓声有事耽搁,次日才到会。

853   王安忆记下了金山会议上的一件小事:"(汪曾祺)看我的发言稿里面用了'聒噪'两个字,他就问我这是哪儿来的,这样追根溯源,我讲不清楚的,说不知道,他说你好好想想这两个字哪儿来的,他的意思是说你还有点水平,用这两个字,那我就仔细想是在哪里看到的,想了半天我就说是在《约翰·克利斯朵夫》里面,他就说对呀,谁翻译的,傅雷翻译的呀。"

854   1986 年 11 月 8 日,中国作家协会第四届理事会第二次会议在京西宾馆召开,会期 6 天。汪曾祺作为中国作家协会理事参加了会议。中宣部部长朱厚泽直接住在京西宾馆,听取作家的意见和要求。胡耀邦、习仲勋、胡启立、薄一波、宋任穷会见了与会理事。

855   1986 年下半年,汪曾祺应邀参与中央电视台 32 集专题片《话说运河》撰稿,写《地灵人杰话淮安》(第 17 回)解说词。后收入中国青年出版社出版的《话说运河》。

856 　　1987 年 1 月 21 日，汪曾祺参加中国作家协会召集的首都部分作家"反对资产阶级自由化"学习座谈会并发言。

857 　　1987 年 2 月 26 日，《文学报》《北京日报》报道：著名作家、北京京剧院编剧汪曾祺最近在京光荣入党。汪曾祺的离休审批表上，入党时间是 1986 年 12 月。

858 —— 1058

出了一趟国
以后

美国之行

858 台湾《联合文学》1987 年 1 月号推出"沈从文专号",重刊了汪曾祺的《沈从文的寂寞——浅谈他的散文》和《沈从文先生在西南联大》。

859 1987 年 1 月 29 日,丁卯年大年初一。汪曾祺为高邮朱延庆所著书稿《江苏县邑风物丛书·高邮》作完序,当天将这篇序言及致朱延庆信一并寄给妹夫金家渝,让他转交朱延庆,并顺便问祖屋归还事宜。汪曾祺希望能在任氏娘生日前收回祖屋,以准备寿堂,并建议家人都给任氏娘磕头。

860　　1987年2月22日,汪曾祺寄出100元提前作为任氏娘的寿礼。致信妹妹汪丽纹,询问收回祖屋一事进展。

861　　1987年3月20日,文艺评论家、电影理论家钟惦棐逝世。汪曾祺曾和作家龙冬谈及为钟写的悼念文章:"钟惦棐去世以后,我给报纸写了篇悼念他的文章。里面写了一次我早晨去他家,见他正提着一个古董青花虎子从屋里出来,去倒尿。结果,编辑把这段删了,说,不雅。我回了封信,说,这才叫高雅哪!高雅的人才能用这种东西。谈'虎'色变,目不识雅。"这篇文章至今尚未找到。

862　　1987年4月5日,汪曾祺随中国作家协会组织的作家代表团抵昆明,开始云南边疆民族地区参观采访之行。同行者有邵燕祥(团长)、张又君、曹杰、韩映山、朝克图那仁、李星、叶延滨、李锐、毕四海、柳萌,另有随团工作人员吴桂凤、召明。云南诗人晓雪陪同。

863　　一到昆明,汪曾祺就去吃过桥米线,像当年读书时一样站着吃。

864　　云南之行,汪曾祺一路把楚雄、大理出产的"蝴蝶泉""美登""三塔""雄宝"等各个品牌的香烟都买来尝尝,最喜欢的是"雄宝"。返昆再经过楚雄时,一下买了三条。

865　　汪曾祺在云南,每餐必酒,如果桌上不备烈酒,则以自备的一瓶酒独酌或与人共饮。对云南杨林肥酒赞扬备至,对盈江米酒颇感兴趣,一路多方打听酿制方法。

866　　在昆明期间,汪曾祺曾去作家彭荆风家做客。彭荆风之女彭鸽子回忆:"父亲要我下厨做了几道滇味菜,打开他存有10年的'四特酒'款待他;那次在沈从文爷爷家的交谈,我已了解他爱吃什么菜,也就做得很合他的口味。曾祺伯伯是具有酒仙气质的人,好酒下肚神采飞扬,文思如潮,兴味盎然地说:'盛情相待,无以为赠。拿笔来!'我当即铺纸研墨。有好酒好菜助兴,他也就写了一张又一张。"

867　　1987年4月29日,汪曾祺自昆明返京,出机场直接乘车奔北京大学朱德熙家,把带回来的干巴菌送去。朱德熙夫人何孔敬记述道:"我接过曾祺手中那一大包的干巴菌说:'曾祺,你把干巴菌都给了德熙,你一家人吃什么?'曾祺说:'我拿回去,松卿又不会做,天气太热,再折腾,干巴菌全烂了。'我又说:'那就明天你和松卿一同来,和德熙喝酒,干巴菌是下酒的好菜。'曾祺两眼盯着我说:'明天不出门了,我要在家好好地休息休息。'我捧着那一大包干巴菌,没奈何地说:'千里迢迢,大老远地给德熙送来干巴菌,多不好意思。'曾祺说:'我和德熙没有什么不好意思。'"

868 1987 年 5 月 6 日—17 日,大康(康殷)书画展在中国美术馆东大厅举行,是康氏家族"五康书画展"的一部分。当时大康与汪曾祺都住在蒲黄榆,汪曾祺前往参观邻居的书画展,多有赞赏。

869 台湾《联合文学》1987 年 5 月号刊出"汪曾祺作品选"专辑,除了发表署名"编辑室"的《从前卫到寻根——汪曾祺简介》,还选载了《受戒》《大淖记事》《陈小手》《詹大胖子》《八月骄阳》《复仇》6 篇小说。

870 1987 年 6 月 9 日—16 日,汪曾祺应漓江出版社彭匈之邀,前往桂林参加首届漓江旅游文学笔会。彭匈到机场去接人,一直找不见想象中穿蓝色或者灰色中山装的老作家汪曾祺,几近失望时,从外国游客中蹿出一位身穿大红格子衬衫、头戴米黄色便帽的老者,自报家门是汪曾祺。汪曾祺解释说,"这身打扮是儿子临出门给设计的"。汪对于彭匈的长相也大为吃惊:"我一直以为彭匈是一个又胖又大的老头子!"又笑着自言自语:"搞不清怎么会有这样的印象!"

871 漓江笔会期间,汪曾祺与柯蓝、公木、西彤、柳嘉、贾平凹诸作家同游桂林,并向当地文学爱好者讲授创作经验。汪曾祺送了贾平凹"鬼才"之称,还专门解释:鬼才者,非凡才能之人也。贾平凹作诗回赠,称"汪是一文狐,修炼成老精"。

1987 年，汪曾祺与贾平凹（右）、彭匈（左）在广西

872　漓江笔会安排作家游漓江，游船行至"九马画山"时，彭匈提醒大家快看，作家们一个个面对画山，凝神屏气，一会儿柯蓝说：我已看出八匹，公木说：我看出了九匹！彭匈问汪曾祺看出几匹了，汪曾祺说："一大群！"

873　1987 年 9 月，汪曾祺的小说集《寂寞和温暖》由台湾新地出版社出版，列为该社"当代中国大陆作家丛刊"第八种，收入短篇小说 13 篇，均出自《汪曾祺短篇小说选》。

874　汪曾祺接到邀请,于 1987 年 8 月底赴美国参加爱荷华国际写作计划。爱荷华国际写作计划于 1967 年成立,由作家聂华苓及其丈夫、美国诗人保罗·安格尔创办,是全世界首个由一所大学举办的全球性作家交流计划。第一届国际写作计划邀请了来自世界各国的 12 名作家。该计划的三个原则为:一、让具潜质的作家接触美国生活;二、让这些作家参与美国大学的生活;三、为这些作家提供适合的时间与空间进行文艺创作。写作计划为期三个月。1979 年中美建交后,该计划开始邀请中国作家。

875　据汪朗回忆,当时中国作家协会向国际写作计划推荐汪曾祺的时候,"国际写作计划的领导说没听说过这个人,当时没想要他。他就拿了《汪曾祺短篇小说选》和《晚饭花集》作为自己的身份证明"。

876　行前,汪曾祺接受邓友梅的建议,准备了一些自己的书画作品,带往美国送人。汪朝回忆道:"父亲特意把宣纸裁成方形,好让人家镶在镜框里。除画他惯常画的花鸟以外,他还画了几张插瓶花卉,瓶是大肚广口的花瓶,还有些明暗立体的效果,花是康乃馨一类的花,调出了玫瑰红、蓝紫等浓重的颜色,还用了暗色的背景,很'洋',近似油画。我们看了,都很惊讶,不知老头儿还会出什么新花样。"

877　　1987 年 8 月底,汪曾祺取道香港赴美。抵香港后,住在香港三联书店招待所,在香港三联编辑舒非陪同下逛店铺,赶上季尾清仓减价,用《大公报》稿费 275 港元,买了一块西铁城石英表。

878　　汪曾祺在港期间,连日有人请客,吃饭、饮茶。他接受了台湾作家施叔青长达 8 个小时的访问。访谈录《散文化小说是抒情诗——访汪曾祺》发表在《联合报》,后又以《作为抒情诗的散文化小说——与大陆作家对谈之四》为题发表于《上海文学》1988 年第 4 期。

879　　1987 年 9 月 1 日上午 9 点,汪曾祺乘机飞往东京。停留一小时后,换机转往芝加哥。随后转机飞往爱荷华大学所在的爱荷华市,与古华合住五月花(Mayflower)公寓 8 楼 30D 室。

880　　汪曾祺抵爱荷华州(即艾奥瓦州)当天,就去赴东道主聂华苓家的便宴,吃美国火锅。本期写作计划共有来自 27 个国家和地区的 33 名作家参加。中国作家包括大陆的汪曾祺、古华,台湾的李昂、蒋勋、黄凡,香港的钟晓阳。

881　　1987 年 10 月 7 日是中秋节。聂华苓邀请汪曾祺等作家晚上在家中聚餐。汪曾祺在家信中描绘了现场:"菜甚可口,且有蒋

1987 年，汪曾祺在美国爱荷华期间，与聂华苓、吴祖光、安格尔（前排左起）等合影

勋母亲寄来的月饼。有极好的威士忌，我怕酒后失态，未能过瘾。美国人不过中秋，安格尔不解何为中秋，我不得不跟他解释，从嫦娥奔月、中国的三大节，中秋实是丰收节，直至八月十五杀鞑子……他还是不甚了了。月亮甚好，但大家都未开门一看。"

882　　在爱荷华期间，汪曾祺曾见到来此参加活动的阿城。阿城告诉汪曾祺：在与人接洽生意时，常因不知不觉地观察起对方而忘了谈些什么。汪曾祺回程在香港滞留时还提起此语。

883　　1987 年 11 月 29 日,国际写作计划举行欢送会。12 月 17 日,汪曾祺返抵香港,适逢王安忆等人在港。王安忆回想道:"他是从美国聂华苓的'国际写作计划'过来,乘游艇,我们一帮年轻人和他打打闹闹的,然后我们就问他写不写长篇,他说我不写长篇,从来不写长篇,好像对于长篇是鄙夷的态度。我们就问他你为什么不写,他不说,后来他说了,他就说短篇最好,短篇就是把你必要说的话说出来,长篇是把你不必要说的话说出来。"

884　　作家吴亮回忆,1987 年在香港遇到刚从爱荷华回来的汪曾祺,"新华社香港分社请客吃饭时,我留意到他抽的是不带滤嘴的'骆驼'。我说读您的文章您应该抽中国烟才对啊! 老汪呵呵一笑,凑到我耳边说,'外国烟好抽,外国酒也好喝'。我说,我看您吃饭之前特别爱喝绍兴酒,'那是在吃中国菜么!'老汪大乐"。

告别沈从文先生

885 　1987 年 10 月,《汪曾祺自选集》由漓江出版社出版,是该社"作家自选集"系列之一种,责任编辑彭匈。自选集收诗、散文、短篇小说三类作品,以短篇小说为主。全书 40 万字。这是汪曾祺生前比较满意的选集之一。

886 　1988 年 3 月,汪曾祺的《晚翠文谈》出版,共收文论 42 篇。此书编选之前拟名为《常谈集》。最早是湖南人民出版社于 1982 年约稿,编选过程历时较久,出版过程多有周折,浙江文艺出版社最后接受,得力于林斤澜的推荐。

《汪曾祺自选集》，漓江出版社 1987 年 10 月
第 1 版

887 　1988 年 3 月，汪曾祺离休。领到离休证后，汪曾祺才知道自己原来是"局级干部"。

888 　1988 年 4 月 5 日—10 日，汪曾祺赴山西大同参加《北京文学》创作函授部面授，李陀等同行。此前大同作家曹乃谦有小说稿件寄给《北京文学》。汪曾祺看了之后表示肯定，建议"题目就叫'到黑夜想你没办法'"。他后来还为之写了一篇评论,连同小说一起发表在《北京文学》1988 年第 6 期。

889 　　1988 年 5 月 10 日,沈从文逝世。5 月 11 日,汪曾祺上午外出开会,中午回家后才由施松卿告知此事,当日作《淡泊的消逝——悼吾师沈从文先生》,刊于 1988 年 5 月 14 日台湾《中国时报》,发表时有编者按语:"汪曾祺是沈从文的大弟子,应本刊之邀,特以最快速度撰写此文,从北平(北京)传真至本报香港办事处,交由本刊发表。"

890 　　1988 年 5 月 12 日,汪曾祺动身赴浙江桐庐,参加《人民日报》(海外版)组织的笔会。同行者有叶至善、韩静霆、韩蔼丽、何志云,游踪至富春江、严子陵钓台、瑶琳仙境、白云源、桐君山。

891 　　1988 年 5 月 15 日,汪曾祺在桐庐撰写纪念沈从文的散文《一个爱国的作家》,刊于《人民日报》(海外版)1988 年 5 月 20 日。

892 　　1988 年 5 月 18 日,汪曾祺在北京八宝山参加沈从文遗体告别仪式。新华社记者郭玲春描述:"没有人为他主持这最后的仪式,也没有名人为他致悼词,只有他的家人,他亲近的朋友和弟子,今天在八宝山公墓一个素朴的灵堂里,向他——中国著名的文学家沈从文先生告别。""沈先生早年执教西南联合大学时的学生,著名作家汪曾祺,今天在同他崇敬的师长告别时说,沈先生是'真诚的爱国主义者','是我见到的作家中最甘于淡泊的,这不仅是人的一种品格,也是人的一种境界'。"

893　　1988 年 6 月 11 日,中国作家协会与美国美孚石油公司签订合作举办"美孚飞马文学奖"的协议。中国作家协会书记处常务书记唐达成担任评委会主席,作家萧乾、茹志鹃、汪曾祺和文学理论家刘再复应邀担任评委。

894　　1988 年 7 月 4 日—6 日,汪曾祺参加《文学自由谈》编辑部举办的主题为"漫话作家的责任感"的文学沙龙。沙龙地点先后放在北京大雅宝空司招待所、北大蔚秀园。出席嘉宾按发言顺序是朱晓平、汪曾祺、林斤澜、陈建功、朱伟、谢冕、黄子平,编辑部方面的出席者有汪宗元、赵玫。沙龙实录以《漫话作家的责任感》为题,刊于《文学自由谈》1988 年第 5 期。

895　　1988 年 7 月 14 日,汪曾祺参加文化艺术出版社举办的京味小说研讨会。与会的还有鲍昌、李希凡、冯其庸、刘颖南、邓友梅、林斤澜、刘绍棠、苏叔阳、韩少华、陈建功等。

896　　1988 年夏,汪曾祺与林斤澜一同出席《南方周末》组织的聚餐会,与李陀、朱伟、沈宏非等同席。时任《人民文学》编辑的朱伟正在酝酿接手江苏文艺出版社的《东方纪事》杂志,改在北京出版。后来的《东方纪事》于 1989 年出版,汪曾祺出任总顾问,林斤澜、李陀等出任栏目主持。

897   1988 年 8 月 7 日,汪曾祺致信彭匋,告知已收到自选集样书。谈到印数只有 2450 册,表示"真惨",为出版社赔钱感到不安,并透露"在一次会上提起,康濯说:这还算好的","有出版局的同志估计此书必可再版,但愿如此"。

898   1988 年 9 月 21 日,北京师范大学研究生院与鲁迅文学院联合举办的"文艺学·文学创作"研究生班预备班开学,录取学员 48 人。汪曾祺任授课专家,并担任创作研究与实践导师。被指导的学员刘亚伟在《我的老师汪曾祺》一文中回忆:"一次我交给先生作业,是我新创作的一个短篇小说,先生给我打了 89 分,这个评价来自对文字一向精益求精的短篇小说大师汪老先生,让我受宠若惊……另一次是看了我的作业,对我说:你们年轻人写东西不妨华丽一些,把想象力尽量放开,恣肆酣畅一些,淋漓尽致一些,不要过早地归于平淡。……以后随着年龄的增大,到我这个年纪的时候,就会自然而然地平淡下来,简约下来。"

899   1988 年 9 月 23 日—24 日,汪曾祺参加《北京文学》在京召开的汪曾祺作品研讨会。这是继北京市部分作家作品讨论会后,

汪曾祺和孙女汪卉，被孙女打扮得怪模怪样

又一次重要的研讨活动。林斤澜、李陀、陈世崇、黄子平、陈平原、李
庆西、李国涛、晓蓉、吴方、孟悦、李以建、李洁非、王干、罗强烈、潘凯
雄、蒋原伦、张兴劲、刘向阳等参加研讨会。著名学者吴组缃出席会
议并发言。法国的安妮·居里安、瑞典驻华使馆文化官员秦碧达、美
国美中学术交流委员会驻华代表林培瑞等几位在京的外国汉学家也
参加了研讨会。《人民日报》《光明日报》《文艺报》《中国青年报》等
媒体记者出席会议并进行报道。

900   1988年10月，汪曾祺作为五评委之一（另四位是唐达

成、刘再复、萧乾、茹志鹃），参加在北京举行的"美孚飞马文学奖"颁奖仪式。本届"美孚飞马文学奖"授予贾平凹的长篇小说《浮躁》。

901　1988 年，聂华苓、保罗·安格尔访华。汪曾祺设家宴款待并亲自下厨，做了煮干丝、干煸牛肉丝等菜品。煮干丝尤得聂华苓青睐，她连最后一点汤都端起碗来喝掉了。

902　1989 年 1 月，《联合文学》《北京文学》同时推出汪曾祺专号。《北京文学》第 1 期刊出汪曾祺的小说新作《小学同学》（包括《金国相》《邱麻子》《少年棺材匠》《蒌蒿薹子》《王居》5 篇），自述《认识到的和没有认识的自己》，陈红军整理的《汪曾祺作品研讨会纪要》，张兴劲的《访汪曾祺实录》，另外刊出两篇评论：一是吴方《说"淡化"——汪曾祺小说的"别致"及其意义》，一是法国人安妮·居里安的《笔下浸透了水意——沈从文的〈边城〉和汪曾祺的〈大淖记事〉》（陈丰译）。《联合文学》1 月号在通栏提示语"零时差——台北·北京同步发表"下推出"来自大地的声音——'汪曾祺作品探索'专辑"，除《北京文学》专号上的全部内容外，还刊出方瑜的一篇《乱针绣出的人物绘卷——评汪曾祺〈茱萸集〉》。

903　1989 年 2 月 6 日，汪曾祺完成七场戏曲歌舞剧《大劈棺》，后刊于《人民文学》1989 年第 8 期。汪朗曾忆及其创作背景：这个作品本来是为话剧团创作的。当时中央实验话剧院要到国外演出,想搞一个传统题材话剧,以求演出特色。剧院院长向汪曾祺征询意见,汪曾祺建议以新的观点创作《大劈棺》,并提出一些具体设想,例如不能只说,还要加上唱和跳。剧院院长很感兴趣,并请他创作。完稿后,因为艺术形式繁多,话剧院无法上演,京剧演员也演不了。

904　　1989 年 2 月 12 日,汪曾祺收到曹禺的回信,此前汪曾祺应曹禺之嘱寄赠了《汪曾祺自选集》《晚翠文谈》二书。曹禺信中说:"……您的语感(您的话)真好。从文先生是我佩服的前辈,您把这位老先生的性格与'寂寞'写得亲切、扎实。从文先生说的'贴着人物写'您是做到了的。写'自然'也'贴'着人写。在您的文章里随处可见。"

905　　1989 年 2 月 22 日,汪曾祺参加河北省文联、《文艺报》和作家出版社联合举办的铁凝长篇小说新作《玫瑰门》讨论会并发言。铁凝曾描述汪曾祺当天出席会议的情形:"会上谌容告诉我,上午八点半开会,汪曾祺六点钟就起床收拾整齐,等待作家协会的车来接了。在这个会上他对《玫瑰门》谈了许多真实而细致的意见,没有应付,也不是无端地说好。"

906　　1989 年 3 月 31 日下午 3 点,汪曾祺参加在中国现代文学馆举行的国际佛教促进会中国大陆弘法探亲团与北京知名作家座谈会。3 月 27 日—4 月 24 日,台湾名僧星云大师率领弘法探亲团参观访问大陆。该团包括来自中国台湾、美国、加拿大、新加坡的法师、信徒、教授、作家、记者共 192 人。参加本次座谈会的作家有：冯牧、杨犁、吴祖光、萧乾、邓友梅、冯亦代、舒乙、张洁、文洁若、宗璞、邵燕祥、冒舒湮、谌容等。汪曾祺当场诵诗献给星云大师："出家还在家，含笑指琼花。慈悲千万户，天地一袈裟。"

907　　1989 年 3 月，汪曾祺的第一部散文集《蒲桥集》由作家出版社出版，收入散文 60 篇，及自传性质的《自报家门》。封面引介语，由作者以第三人称撰写，脍炙人口："齐白石自称诗第一，字第二，画第三。有人说汪曾祺的散文比小说好，虽非定论，却有道理。此集诸篇，记人事、写风景、谈文化、述掌故，兼及草木虫鱼、瓜果食物，皆有情致。间作小考证，亦可喜。娓娓而谈，态度亲切，不矜持作态。文求雅洁，少雕饰，如行云流水。春初新韭，秋末晚菘，滋味近似。"

908　　1989 年 5 月 4 日，汪曾祺在王府井新华书店参加文化艺术出版社组织的《京味小说八家》签名售书活动。新华社当日电讯说："文化艺术出版社推出的《京味小说八家》最近在王府井新华书店首次发行，购者排起了长队。时下格调不高的书刊泛滥，纯文学之作受到冷落。这么多读者每人舍得掏六元多钱购买此书，令签名售书的作家、评论家既感动又慨叹。这部书选收了老舍、汪曾祺等八位名家的作品，描绘了北京这座古都的民俗与风情。"

909　　1989 年 5 月 8 日，作家苏北在鲁迅文学院进修，第一次见到汪曾祺。"散会后，我站在大教室门口，汪先生一走出，我就把他引到隔壁我住的 503 房间里来了。……我递给他一支烟，是我们滁州生产的长把子'红三环'。他吸烟抽得很深，浓浓的一大口到嘴里，憋了一会儿，喷出来，整张脸又没有了。这都是劣质的烟草，烟雾很冲，不一会儿，满房间都是烟雾，我们宿舍里的几个人，有站的，有坐的，都仿佛浮在半空，又像正在洗澡堂里，给人不真实的感觉。'汪先生，我给您寄过三个笔记本，是抄的您的小说，不知收到了吗?'我又问了一遍。他'噢噢噢'的，不知道收到没收到。"

910　　1989 年 8 月 10 日，汪曾祺致信黄裳，谈自己作为台湾《中国时报》第 12 届中国时报文学奖散文评委，欲推荐黄裳、宗璞参评。谈到个人近况时说，"我还好，写了些闲文，都放在抽屉里"。

911　　1989 年 8 月 17 日，汪曾祺复信河南大学中文系中国现当代文学专业硕士研究生解志熙，谈自己的创作。解志熙正在写相关论文。汪表示，"我对少作，是感到羞愧的"。信中承认自己受过废名很大的影响，"在创作方法上，与其说我受沈从文的影响较大，不如说受废名的影响更深"。

912　　1989 年 9 月 18 日，汪曾祺作《〈沈从文传〉序》，刊于《吉首大学学报》1991 年第 1—2 期。《沈从文传》为美国汉学家金介甫（Jeffrey C. Kinkley）所著。该书由符家钦译，时事出版社 1990 年 10 月出版。

913　　1989 年秋，叶至诚携叶兆言在北京访友，林斤澜招待，并请汪曾祺作陪。叶兆言记述："开了一瓶好酒，准备了各色下酒菜，在客厅的大茶几上摆开阵势，我年龄最轻，却最不能喝，汪因此笑我有辱家风。"

914　　安徽《清明》创刊 10 周年纪念暨征文授奖大会在合肥召开。汪曾祺与林斤澜、刘恒、余华一起应邀赴合肥参加这次会议。1989 年 10 月 28 日，汪曾祺从北京乘火车赴合肥，同行者还有正在鲁迅文学院进修的安徽青年作家李平易等。李平易回忆火车上的情景："在去合肥的火车上，汪与林二老是软卧，我们则是硬的，于是我们一伙人便涌到他们的包厢里。林先生向汪老介绍了我，听说后，汪老便说：我也可以算是歙县人，几代前躲避太平天国的战乱迁居高邮的，家里一直保留着几道祖籍带出来的故乡菜，一种较为特别的颇大的肉圆，叫作'徽团'，逢年过节都是要做了端上桌的，以表示不忘自己是从哪里来的。并说直到他父亲这一辈还曾到徽州祭祖。"

915　　1989 年 12 月，汪曾祺与林斤澜、何振邦一行三人到何振邦的故乡福建漳州，为鲁迅文学院函授学院设点面授，先后访问云霄、东山岛、厦门、泉州、福州、武夷山等地。这是汪曾祺第一次,也是唯一一次到夫人施松卿的故乡福建。

916 在福建厦门期间,汪曾祺一行参观了南普陀寺,然后渡过鹭江登鼓浪屿,到舒婷家赴宴。舒婷的婆婆烹制了春饼等鼓浪屿风味。汪曾祺观察了舒婷的书房,后来在《初访福建·厦门》中描述:"她的书房不大,满壁图书,她和爱人写字的桌子却只是两张并排放着的小三屉桌,于是经常发生彼此的稿纸越界的纠纷。我看这两张小三屉桌,不禁想起弗金尼·沃尔芙的《一间自己的屋子》。舒婷在这样的条件下还能写得出朦胧诗么?听说她的诗要变,会变成什么样子? 有人为铁凝、王安忆失去早期作品的优美而惋惜。无可奈何花落去,谁也没有办法。"

917 1989 年年底,汪曾祺作《〈知味集〉征稿小启》,发送给多位作家、艺术家、学者。《知味集》是中外文化出版公司出版的一套五本书中的一本。其他四本是吴祖光编《解忧集》,袁鹰编《清风集》,姜德明编《书香集》,端木蕻良、方成编《说画集》。

遥寄德熙，泪不能禁

918　1990 年 2 月 10 日，农历正月十五，汪曾祺 70 岁生日，作诗《七十书怀出律不改》："悠悠七十犹耽酒，唯觉登山步履迟。书画萧萧余宿墨，文章淡淡忆儿时。也写书评也作序，不开风气不为帅。假我十年闲粥饭，未知留得几囊诗。"

919　1990 年 3 月 22 日，汪曾祺写完《释迦牟尼》，系江苏教育出版社计划出版的"世界历史名人画传"之一种。这套丛书为李辉策划并邀请汪曾祺加盟。李辉回忆："1990 年，我为一家出版社策划出版一套世界名人画传，约请一批名家撰稿，我特地请他写《释迦牟尼》，他虽勉为其难，最终还是应允，写出几万字的佛祖故事。"

920　　1990 年 4 月 7 日，汪曾祺获首届"郭枫文学奖"一等奖，颁奖大会在北京大学举行。该奖由台湾作家郭枫捐资，北京大学中文系、北京大学中国语言文学研究所与台湾新地文学基金会共同设立，授奖范围为北京大学中文系师生（包括研究生、进修生、访问学者及北京大学聘请的各类学者、作家），每年 9 月评选一次。首届一等奖中汪曾祺因创作获奖，林庚、吴组缃因研究获奖。

921　　1990 年 5 月 8 日下午，北京大学博士研究生张国祯到访。张国祯正在研究中国现代小说文化内涵与审美形态变迁，请汪曾祺就 20 世纪 40 年代以来一些被忽略或遗忘的文学现象发表看法。谈到张爱玲，汪曾祺说："我看现在台湾和海外他们把张爱玲捧得太高了（指将张爱玲和鲁迅并列），怎么能捧得那么高？我认为该是第二流作家（汪老解释是指一般说的'名作家'，而非一流大家——访谈者注），相当于美国的流行小说家。"

922　　1990 年春天，高邮中学翻建办公楼、教学楼、实验楼，分别请几位名人起楼名并题名，也通过朱延庆请汪曾祺题写。5 月 30 日，汪曾祺致信朱延庆，说请自己题写的"实验楼"与"甘雨楼"不相配，另拟"赞化楼""紫竹楼"并各用篆隶书体题写。

923　　1990 年 8 月下旬,客居美国的朱德熙临时回国主持第三届国际汉语教学讨论会,并参加纪念王力先生 90 岁诞辰语言学研讨会。在京的几天内,朱德熙也携外孙女看望了汪曾祺。汪朝回忆当时情景:"他胖了些,很疲惫。和爸、妈谈话时,一直拉着身边外孙女的手不放,他很爱这个孩子。北大派车来接他,临行,他有些激动地握着爸的手说:'曾祺,我很快就回来!一定回来!'这是他们最后一次见面。"

924　　1990 年 9 月,汪曾祺接受李辉采访,谈沈从文。最后谈到沈从文在现代文学史上的地位,汪曾祺只反问了一句:"除了鲁迅,

汪曾祺、施松卿夫妇与朱德熙(中)

还有谁的文学成就比他更高呢?"

925　　1990 年 11 月,吴福辉编的《京派小说选》由人民文学出版社出版。全书共选收 15 位作家的 31 篇作品,汪曾祺的《老鲁》《戴车匠》《鸡鸭名家》《异秉》入选,与沈从文并列入选作家的篇数第一。吴福辉在前言中说:"选了四篇,一方面是汪曾祺的作品处处都合京派的气度标准,流派味道最足,一方面是他 1949 年之前收入《邂逅集》的作品,读者已不易得到。《异秉》则似乎是集外的。"汪曾祺致信编者吴福辉,承认自己是"京派"。这是汪曾祺唯一承认的一个流派标签。

926　　1991 年 1 月 4 日,台湾作家三毛弃世。《桥》杂志中文版记者黄燎原就此采访汪曾祺。汪曾祺表示,与因哲学上遇阻而自杀的作家不同,三毛的自杀是性格使然,"她活得一点也不累,只是想这么做,就这么做了"。

927　　1991 年 1 月 15 日,汪曾祺参加由《中国图书评论》与河北人民出版社举办的专家品书会,发言说:"听说有的出版社声称只出两种书,一种是要面子的,一种是要票子的,希望出版社多出一些'要面子'的书。"

928　　1990 年是徽班进京 200 周年,1990 年年底至 1991 年年初,各种演出热闹不绝。汪曾祺没有得到赠票,一场也没有看。他给黄裳的信中说:"徽班进京,热闹了一阵,我看解决不了什么问题。……在电视里看了几出,有些戏实在不叫个戏,如《定军山》《阳平关》。"

929　　1991 年 4 月,汪曾祺赴云南参加红塔山笔会,是他晚年一次光彩之旅。旅伴有冯牧、李瑛、高洪波、石英、陆星儿、黄蓓佳、高伟、李迪、张守仁、凌力等。

930　　4 月 5 日抵达昆明,下榻翠湖宾馆,晚饭时汪曾祺为大家点了炒豌豆米、炒青蚕豆,众作家一致夸赞。当晚更偕众人在当年投考联大时居住的青莲街散步寻故。

931　　到云南第二天,登红塔山时汪曾祺不慎扭伤左脚,当晚躺在床上不能动,此后几日都拄杖跛行。他戏言:"我这叫一失足无千古恨! 为什么呢? 我自己说了,宁减十年寿,不舍红塔山。为了红塔山,寿都可以减,何况足乎!"

932　　在云南,汪曾祺与作家李迪、高伟聊起打孩子的事情,汪曾祺谈起自己的父亲:"我永远记得父亲对我说过的一句话:多年父子成兄弟! 我们父子俩真的相处如兄弟。"又谈起自己作为父亲曾打过女儿一次,"直到出嫁,她还记得此事。回家来看我的时候,常说

'你打过我一次',每次听到二姑娘这样说,都引起我的为人父者之内疚!"

933　　云南之行,汪曾祺结识玉溪卷烟厂厂长褚时健,二人一见如故。谈及两人都有的右派经历,汪曾祺百感交集:"我当了一回右派,三生有幸! 要不然我这一生就更平淡了。""初干农活,真够一呛。我当时想,只要我下一步不倒下来死掉,我就得拼命地干。' 文化大革命'我又是第一个被揪出来的,因为有'前科'。给我贴大字报的标题是:'老右派,新表演'……"

934　　4月9日,众人乘船游星云、抚仙二湖。高洪波回忆,汪曾祺坐得稳稳当当,伸开缠满绷带的脚就日光做热敷,说自己"一失足无千古恨"。他和大家聊烟谈吃说昆明掌故,在大自然中顶顶自然。

935　　游湖时,汪曾祺那顶由女儿备来"给爸爸遮遮老气"的米黄色遮阳帽掉进了湖里。汪曾祺笑称想到了日本影片《人证》的主题曲《草帽歌》,"忽然间狂风呼啸,夺去我的草帽"。诗人李瑛开玩笑说,抚仙湖应改名"落帽湖"。上岸后,高洪波到江川县城百货商店为他新买了一顶绿蓝相间的遮阳帽。

936　　有一次早餐,汪曾祺喝了杯过分甜腻的牛奶,便说:"喝了这杯奶,我怀疑自己会不会变成果脯。"在畹町看泼水节狂欢,见在云南工作的作家先燕云从头到脚被泼,便开玩笑:"小先被祝福得淋漓尽致。"

937 　在下关,游洱海,参观蝴蝶泉。晚上参加有大理白族歌舞团演出的三道茶歌舞晚会。晚餐时,几位在云南当过兵或当过知青的作家举杯祝酒,各发感慨,并与在滇生活7年的汪曾祺共祝。汪曾祺缓缓举杯:"为你们逝去的青春……"话未说完,眼已湿润,他感慨地说:"我已枯眼,四十年无泪,今天为你们这些年轻人流下泪来。"

938 　汪曾祺在昆期间,曾打听、寻访很多昆明旧迹,包括年轻时留下深刻印象的几家饭馆,还曾去威远街"藩台衙门"逛菜市场,适逢一老太太跟鱼贩讨价,鱼贩不让步,老太太甩下一句"你这些鱼都睡着了,还不让点价",悻悻而去。汪曾祺惊异地捕捉住了这句话:"我在昆明七八年,怎么就没有发现你们讲话这么'神'!"

939 　在昆明,佤族女作家董秀英的丈夫特意买了一只武定壮鸡,准备做汪曾祺喜欢的汽锅鸡。汪曾祺自告奋勇下厨房,结果是觉得"她当东,我作炊,我俨然成了主人",自觉做出的汽锅鸡跟他50年前在昆明吃的一样。

940 　李迪因眼疾常戴墨镜,鼻头却被晒黑,汪曾祺脱口而出:

"有镜藏眼,无地容鼻。"回京后,应李迪之请,汪把这八个字写成横幅,并加题跋:"李迪眼有宿疾,滇西日照甚烈,乃常戴墨镜。而其鼻准暴露在外,晒得艳若桃花。或有赞美其鼻者,李迪掩鼻俯首曰:无地自容,无地自容。席间偶作谐语,李迪甚喜,以为是其滇西之行之形象概括,嘱为书之。"

941　　1991 年 5 月 14 日,汪曾祺致信客居美国斯坦福的好友朱德熙,诗中有句"陌上花开今一度,翩然何日赋归休",劝其早日回国。可惜朱德熙稍后查出了重病。

942　　1991 年 5 月,《中国现代小说史》第三卷出版,作者杨义在第二章中谈到了汪曾祺。以《邂逅集》为主要对象,杨著指出汪曾祺代表"京派在光复后的旧梦重续",称其"属于创作不多,却以其独特的、式样翻新的表现技巧引人注目的作家之列",同时指出此期间的汪曾祺尚处于技巧探索阶段,不过他"怪"得节制,懂得"气氛即人物"的妙理。

943　　1991 年 7 月,汪曾祺参加泰山散文笔会,与一众作家大饱游兴。在总结会上,汪曾祺发言,有句评曰:"曾经笔会难为会,除却泰山不是山。"

944　　1991 年夏,汪曾祺与王蒙、林斤澜等人一同在黑龙江参

1991 年，汪曾祺在故乡高邮的运河上

加文学活动，其间往镜泊湖游览。求汪曾祺写字的人很多，他 边写一边宣布了自己的"三不写"原则：官不写，商不写，不认识的人不写。

945   汪曾祺说得最熟的一句福建话是"架栏索拉索拉咚呀利"（炸弹一粒一粒掉下来）。因为当年在西南联大时有个福州室友，逢到跑警报，就说这句话，汪曾祺便学会了。施松卿是福建长乐人，她往长乐老家打电话时，汪曾祺往往"像个刺探似的站在一旁，总想听出些名堂,可什么也听不懂"。

946　　1991 年 9 月,汪曾祺偕施松卿返高邮小住。这是施松卿第一次到汪曾祺的老家,也是汪曾祺最后一次回到故乡。

947　　1991 年 10 月,汪曾祺在南京,高晓声去其住所拜访。汪曾祺把他从头看到脚,一眼认出他脚上穿的还是前几年去香港穿的那双皮鞋,他像找到了老友似的指着鞋说:"你这双皮鞋穿不破的哇?"高晓声后来说:"细看他文章,也是靠这种本领积累的素材。"

948　　1991 年 10 月,汪曾祺写信给妹夫金家渝,信中叮嘱外甥金传捷用功习字,学写旧诗,其中引用小时候太爷跟自己说过的一句话:"文从胡画起,诗从放屁来。"

949　　浙江永嘉为开发楠溪江,请林斤澜约北京作家、书法家去采风。1991 年 10 月 28 日,汪曾祺随北京作家、书法家采风团到浙江永嘉。到永嘉后,汪曾祺事事感兴趣,上酒上菜都问根底。林斤澜夸耀永嘉老白酒"气死茅台",他起初不信,及至闻了又抿,发现果真如此,便大口喝起来,"不错,气死茅台!"上蛤士蟆时,他兴致勃勃如顽童,举着酒杯一桌桌地走,向北京作家说:"这是什么? 不知道吧? 这可是好东西,大补哪!"

950   1992年年初,汪曾祺参加了鲁迅文学院结业仪式,即席讲话,提出作家要做"通家""杂家",做到"三通"——打通中西文化的阻隔,打通中国古典文学与现当代文学的阻隔,打通古今文学与民间文学的阻隔。稍后就写下了文艺随笔《作家应当是通人》。

951   1992年3月,正在深圳度假的徐迟偶然看到了《汪曾祺自选集》,略翻之后突然以书掩面,歉疚地说:"是我害了他。"35年前的1957年,正是徐迟看到了汪曾祺的新诗来稿《早春》,激赏之下,签发在《诗刊》上,汪曾祺后来因此受到批判。徐迟十分愧疚:"如果我不发他这组诗,也许他就没有这样的遭遇了。"

952   1992年春,汪曾祺将小说《受戒》等作品的电影、电视剧改编权、拍摄权转让给了北影录音录像公司。5月,双方就小说《受戒》《大淖记事》《徙》的影视改编签订了合同,该公司向汪曾祺一次性支付改编转让费人民币5000元。

953   1992年初夏,应《长城》杂志社邀请,汪曾祺偕施松卿到河北小住,铁凝作陪。在他们回京前一天,铁凝将自己的一本新书送给汪曾祺。汪曾祺看了铁凝的签名,对她说:"铁凝,你这个'铁'的金字旁写得太潦草了,签名可以连笔,但不能连得不像个金字旁了,是不是?"

954 河北之行,汪曾祺对正定作家贾大山的情操风采极是赏识,送了大山一联:"神似东方朔,家傍西柏坡。"大山连连摇手说:不敢,不敢,前辈送晚辈的联只合讲勉励的话,如"夹紧尾巴做人"之类。汪老仰面大笑,说:"你看你又东方朔了不是!"

955 1992 年 5 月末,汪曾祺为高邮的老街坊、理发师傅从富有书写了"科甲巷口理发店"的招牌。这块招牌使得理发店一度红火。

956 1992 年 7 月 13 日,西南联大北京校友会第五届理事会第一次会议在北京市政协会议厅举行。汪曾祺当选为理事。共同当选的同时期中文系校友还有吴晓铃、王松声、朱德熙等。

957 1992 年 7 月 19 日,朱德熙病逝于美国加州斯坦福大学医院。汪曾祺听闻消息,十分悲痛。年末,施松卿致信朱德熙夫人何孔敬,信中说道:有一天,汪曾祺深夜画画,忽然号啕大哭。画的题款作"遥寄德熙",下款作"泪不能禁"。

958 1992 年 9 月 20 日,汪曾祺参加了北京大学举行的朱德熙教授追思会并发言。朱德熙归葬北京万安公墓,汪曾祺亲自题写碑文:"爱其所学,关怀后生。贤夫慈父,蔼然仁者。"

"我是个古人"

959 1992 年 9 月 11 日,中秋节,戏剧、电影评论家舒非拜访汪曾祺。书房的墙上挂着高尔基的画像,舒非错认为斯大林,施松卿说"你不是第一个认错的"。两人谈到汪曾祺近来在中国大陆、台湾所出的作品集,涉及简化汉字和电脑输入出现的问题,施松卿说:有一次,汪曾祺收到一份稿费通知单,竟将"汪曾祺"打成了"汪兽祺"。

960 告别时,施松卿送舒非下楼。出租车来后,舒非打开车门,施松卿用极快的速度将一团东西塞进舒非的口袋,说"汪老让我给你的"。上车后打开,竟是 40 元人民币。汪曾祺担心舒非没钱付车资。

961　　1992 年秋,扬州修复朱自清故居准备对外开放。扬州市文联发函请一批文化名人题字作画。汪曾祺收到邀请函后当即画菊花图寄回,画上题了朱自清生前喜欢的诗句"但得夕阳无限好,何须惆怅近黄昏"。

962　　1992 年,张曰凯主编《新笔记小说选》,请汪曾祺作序。他看了初选的几十篇作品,半月之后约张曰凯到宅谈论,对每一篇都发表了意见。他说何立伟的《小城无故事》是首抒情诗,贾平凹的《游寺耳记》像是游记散文,阿成的《年关六赋》是风俗画,高晓声的《摆渡》是寓言,矫健的《圆环》是哲学论文……然而它们又都是新笔记小说。

963　　1992 年 10 月 7 日—8 日,汪曾祺赴杭州参加由浙江省作家协会举办的吴越风情小说研讨会。一名青年作者记下这样的印象:"晚饭的时候,他从大门进到餐厅,背微拱,脚步匆匆,径自走向敬候着他的酒席。汪先生矮个头,脸黑,穿一件旧荡荡的夹克衫,样子有点像街头摆摊修锁的铜匠。"

964　　1992 年 11 月,汪曾祺在复古剑信中回答自己的书画润格问题说,"从未定过润格。香港作家如愿要我的字画,可通过你来索取,但要你认为索字画者不俗"。他为古剑主编的香港《华侨日报》之《文廊》副刊题写了刊头。古剑请他介绍名作家题写刊头,他表示为难,信中评价了端木蕻良、李準、邵燕祥、王小鹰、贾平凹、何士光、王蒙等的字,说"端木蕻良字写得不错","邵燕祥字颇清秀","贾平凹字尚可","王小鹰能画画,字不知写得如何","何士光的字似还像字",总体认为"作家中字写得好的很少"。

965

1992年11月,汪曾祺在北京大学做题为"散谈人生"的文学讲座。汪曾祺手提棕色文件夹,走上讲台后先燃着一支烟,然后声明:"我可不会讲课,不要看我拿着个小文件夹像模像样的,其实,里面装的全是烟。"

966

1992年,中央电视台举办首届"汉语风"外国人学汉语知识竞赛,汪曾祺与袁世海、林岫等担任评委。中场休息时,有一非洲学生拿着毛笔写的"先易后难"小条幅,其仿"大书法家"将"易"写成了"昜"。汪曾祺调侃道:"书法家无论大小,不管是谁,写错都是错。你跟着他这样写,也是错。懂吗?"

967

1992年,金实秋编《三国名胜楹联》一书,函请汪曾祺撰题武侯祠对联。汪曾祺乃撰一联:"先生乃悲剧人物,三国无昭然是非。"时任中国楹联学会会长马萧萧看后评价:大手笔也。

968　1993 年元宵节,汪曾祺 73 岁生日,自撰寿联并书:"往事回思如细雨,旧书重读似春潮。"又写了散文《祈难老》。

969　1993 年 2 月 20 日—26 日,汪曾祺作为特邀嘉宾,偕施松卿参加了在海南举办的首届蓝星笔会。

970　1993 年乍暖还寒时节,苏华、王京生来访,汪曾祺主要谈了刚刚结束的海南之行的见闻感受,他提到自己"是个古人",年轻作家不应再走老路,要创新,但也要看中国书,吸收传统。后来苏华撰《汪曾祺:"最后一个士大夫"》刊发在《光明日报》。这大概是"最后一个士大夫"之名的最早来源。

971　1992 年国际老舍学术研讨会期间,舒乙、赵园约请沈继光在北京语言学院举办了《胡同之没》黑白摄影作品展,展出作品 103 幅。经赵园推荐,1993 年汪曾祺为其作品集写序《胡同文化》。其后,全书托送台湾作家王静蓉处筹备出版,未果。

972　1993 年 4 月,汪曾祺受《光明日报》书评版编辑李春林之邀,在该报开设《择菜笔记》书评专栏,首篇是《精辟的常谈——读朱自清〈论雅俗共赏〉》。此前,汪曾祺还参加过李春林组织的关于书评的小型座谈会,发言中将写书评比作挠痒痒,"上面一点,下面一点,左面一点,右面一点,真正挠到痒处并不容易"。这番话被评为"最简短但最精彩"的发言。

973　1993 年春,北京电影学院投资人民币 5 万元,组织该院 1989 级学生根据吴琼改编的剧本联合摄制了电影《受戒》。片长 30 分钟,用 16 毫米胶片拍摄,曾在北电小剧场内放映过一次,用于教学观摩。

974　1993 年春,高邮名儒韦子廉逝世 50 周年,高邮编印了纪念册《鹤影琴音》,汪曾祺受邀题名,并作诗纪念。诗跋中说:"我至今作文写字,实得力于先生之指授。忆我从学之时,弹指六十年矣,先生之声容态度,闲闲雅雅,犹在耳目。"

975　1993 年 5 月 30 日,汪曾祺给时任高邮市长的戎文凤写信,请求归还被造纸厂占用的祖传房产。信中有言:"曾祺老矣,犹冀有机会回去,写一点有关家乡的作品,希望能有一枝之栖。区区愿望,竟如此难偿乎?"

976　1993 年 5 月,黄宗英在致冯亦代的信中说:"我想剪汪曾祺的回忆录给你,因为你在写回忆录。我挺喜欢汪曾祺的散文,当然,我也喜欢你的散文。"她说的"回忆录"应指汪曾祺在《作家》上发表的自传体系列散文《逝水》。

977 1993 年 6 月,赵园主编的《沈从文名作欣赏》一书由中国和平出版社出版,其中特约汪曾祺撰写了《又读〈边城〉》。赵园在该书序言中说:"我个人是一向爱读作家们的创作谈与批评文字的,常常惊喜于那些文章中非严格规范('批判规范')处闪灼着的独见。"

978 1993 年 6 月,《汪曾祺散文随笔选集》由沈阳出版社出版。作家许谋清推荐画家李老十设计封面。最初设计白纸上画三道水波纹,封底画了一只茶壶、一只茶杯。但后来改画一个葫芦,里边有个小老头。许谋清说:"他感觉到的汪曾祺不是我感觉到的汪曾祺。"

979 1993 年 8 月,汪曾祺应湖南娄底地区文联之邀讲学,8 月 4 日计划游南岳,文联主席迟迟没来,汪曾祺等人先去餐厅吃了早餐。刚吃完,文联主席就同地委书记来了,于是众人又跟着吃了一顿。从餐厅出来后,汪曾祺揉着肚子说:今天这早餐算我这辈子撑得最厉害的了。

980 1993 年秋,汪曾祺应《大连日报》之邀,同苏叔阳、徐城北、余秋雨及东北的几位作家在棒棰岛小住,为人作书画若干。徐城北回忆,汪曾祺"右手持笔,左手插在裤兜里,有时抽出来拿起盛着白酒的杯子,喝上一大口酒,随后就埋住头一挥而就"。画累了,就要人备酒,白酒,一次能喝半斤,或者还多,有人形容其酒后"面如重枣",汪曾祺幽默回道:"哪里是'面如重枣',简直是'面如锅底'。我从小皮肤黑,小名就叫作'黑子'……"

981　　某日在旅顺口参观,当地不少名流出席作陪。大连主人介绍到汪曾祺,因有口音,"汪"被念成了"黄",于是陪客们连称"久仰",一时之间满桌"黄老"长、"黄老"短……汪曾祺并不恼怒,也不尴尬,仍坦然与人聊天。未终席,他的人格和学识征服了同桌新朋友,最后有人竟然拍着肩膀和他共饮。

982　　苏叔阳回忆,当时众人谈到六朝文风、"文革"体与时下文风,苏叔阳用了"骈四俪六""掣肘"二词,"骈"字错读为"并","掣"字错读为"制"。吃晚饭时,汪曾祺悄悄塞给苏叔阳一个条子,笑着说"吃完了再看"。苏叔阳性急,即刻去卫生间"洗手",偷偷展开条子看,立即热血上头:一张棒槌岛宾馆的便笺上写着"骈"不读"并",读"片",常转读为阳平;"掣",不读"制",读"彻"。

983　　1993年10月中旬,江苏电视台到北京拍摄反映汪曾祺文学生涯的专题节目《梦故乡》,汪曾祺亲自为片头曲创作歌词《我的家乡在高邮》。片子拍成后,汪曾祺十分激动,看了一遍又一遍。孩子们打趣说他"表现不俗,可以评一个最佳男主角",可是没有像以往那样听到他反抗的声音,回头一看,汪曾祺直直地盯着屏幕,泪水沿着面颊直淌下来。

984　　1993 年 12 月 15 日，香港中文大学客座教授巫宁坤给汪曾祺写了封信。此信未获回音，巫宁坤向作家杨苡询问。杨说："汪曾祺现在大红大紫，要出全集，哪有工夫为你浪费笔墨。"次年 4 月巫宁坤来信追问，汪曾祺复信解释道："前来信，因为把你的地址搞丢了（我这人书信、稿件向来乱塞），故未复，与'大红大紫'无关也。"5 月，去年给汪曾祺的那封信原封不动退给了巫宁坤。

985　　《汪曾祺全集》收有一组特殊的散文《西山客话》，这是1993 年末他为北京西山八大处山庄写的地产文案性质的文章。汪曾祺原本果断拒绝了地产商的请求，后因汪夫妇同此事的联络人、中戏毕业的刘琛相处甚欢，遂应了此事。汪在与刘琛的通信中，称刘琛为"小疯子"，自称"老疯子"。

986　　1993 年，何镇邦、曾明了偕武汉青年作家萧斌臣拜会汪曾祺。午饭后，汪曾祺为客人写字。当时萧斌臣正在设想创建"未来作家文学院"，便请汪曾祺题名。汪曾祺沉吟片刻后为之题写，但告别时贴耳小声对萧说："年轻人，听我的，这事儿不成的。"

写的什么呀，没词儿

987 汪曾祺同父异母的弟弟汪海珊嗜酒，1993 年他为汪海珊撰题一联云："断送一生唯有；清除万虑无过。"

988 1994 年 2 月，文牧请汪曾祺为文牧散文选作序，汪曾祺作《再淡一些》交付，并在文章最后说："我这篇序实在写得不好，因为属于鲁迅所说的写不出来硬写。"

989 1994 年 1 月，汪曾祺赴台北参加《中国时报》的《人间》副刊举办的"从四十年代到九十年代——两岸三边华文小说研讨会"。在香港机场转机,过海关闸口时,他既拿不出护照,也找不见机票,懵懂得够呛。刘心武和李锐忙帮他翻口袋,总算替他找全了备检文件。

990 此次研讨会有一部分是关于汪曾祺的专题讨论。与会者吕正惠做了题为"人情与境界的追求者——汪曾祺"的主题发言,称汪曾祺为"中国最早试用意识流的作家","活在现代的、软心肠的、古代中国的文人"。

991 汪曾祺短暂访台,对台湾作家有很好的印象。他认为台湾的作家、评论家不仅"英文能力很强",而且"古文、古诗词底子很厚实,文化素养很高……走在大街上,他们的招牌字写得很规矩,多用欧体写成,刚劲、谨严,很有秩序和修养,这说明对传统文化的重视"。

992 1994 年 5 月,王晓建编《逛旧书店淘旧书》一书,请汪曾祺题写书名。汪曾祺开始嫌原书名累赘,认为改成"逛旧书店"或"淘旧书"更简练。不过王坚持原书名更有味道,汪曾祺为他写了"逛旧书店""淘旧书""逛旧书店淘旧书"三个书名,任其自行选择决定。最后书出来后送给汪曾祺,汪曾祺说,想了想,还是这个方案好。

993 1994 年 6 月,高邮市召集在京高邮籍名人联谊会,邀请了汪曾祺、姜恩柱、秦华孙、汪云等人。汪曾祺在会议期间挥毫作书若干。其间有人开玩笑,说请汪曾祺为高邮的领导写一小幅,上书四字:"青云直上"。汪曾祺明确表示不写,丢下笔坐在一旁抽闷烟,后经人解释劝说,又重新拿起笔,写下了郑板桥的诗句"些小吾曹州县吏,一枝一叶总关情",并说"随你们给哪位领导"。

994　　1994 年 6 月,汪曾祺在南京状元楼酒店参加《钟山》杂志与德国歌德学院联合举办的"1994 中国城市文学学术研讨会"。当时王干在《钟山》举起"新状态文学"旗帜,形成潮流。汪曾祺就此指出文学界往往是先有理论后有创作,理论家就像赶小毛驴似的,拼命地赶,拼命地催。王干则认为这几年理论界为文学的繁荣提供了很多的话题,并不是批评家臆造出来的观念。一老一少,你来我往,虚拟了一场"智斗"。

995　　1995 年是反法西斯战争胜利 50 周年。1994 年,北京电影制片厂拟把孙犁抗战题材的小说改编为一部散文化电影。请人写出两稿剧本均不满意,导演王好为登门恳请汪曾祺改编。汪曾祺只好答应,但改编中他感觉孙犁小说缺少故事情节,改编成电影难度大。经过一周艰难努力,电影剧本《炮火中的荷花》写成。可惜出于经济原因电影最终搁浅,只有剧本发表。

996　　1994 年 7 月,汪曾祺在酷暑中为《中学生文学精读·沈

1994 年，汪曾祺于家中作画

《从文》撰稿，写了《边城》《丈夫》《牛》《贵生》等篇的题解与赏析。次年，该书由三联书店（香港）有限公司出版。

997　　1994 年 11 月，中国作家协会、中华文学基金会主办的"中国作家十人书画展"在中国美术馆开幕，展出峻青、汪曾祺、秦兆阳、管桦、张长弓、梁斌、阮章竞、鲁光、冯其庸、李準每人 10 件作品。

998　　1994 年 11 月，北京电影学院学生邱怀阳根据汪曾祺小说改编的毕业作品《受戒》参加法国朗格鲁瓦国际学生电影节，同时入围法国克雷芒电影节。早于 1992 年获得《受戒》独家改编、拍摄权的北影录音录像公司得知后认为北京电影学院侵权，将其告上法庭。

999 1994 年年底，汪曾祺的内侄、时任上海外国语大学《外语电化教学》杂志常务副主编的施行请汪曾祺为该杂志题刊名。1995 年第 1 期起启用。杂志社给汪曾祺寄去 300 元稿酬。因汇款通知单丢失，钱并未领到。

1000 1995 年年底，上海市出版局例行刊物年检，规定刊名不能用繁体字。《外语电化教学》被勒令改换简体字刊名。施行写信给汪曾祺说明情况，汪曾祺又题写多份简体字刊名寄上。杂志社再次支付 300 元稿费。

1001 约 1994 年，汪曾祺到中国人民大学做讲座。当时的人大新闻学院博士研究生焦国标后来写文章记述了一些花絮，说汪"爱用拇指和食指捏鼻子，有时用左手，有时用右手，有时左右轮着捏，有时一只手连捏几下。据粗略统计，1.5 小时共捏鼻整 100 卜，半均 1 分钟多点捏一下"。

1002 1995 年 5 月 28 日，电影导演张暖忻在北京去世，6 月 3 日举行葬礼。汪曾祺以"友好"的名义替朋友们撰写挽联"繁花此日成春祭，云水他乡梦白鸥"，联中嵌入了张导演的影片名字。

1003　　1995 年 6 月,西南联大希望小学募集校友捐款,汪曾祺、施松卿各捐款 300 元。9 月,联大校友会决定将捐款交由云南省妇联设立西南联大春蕾助学基金,汪曾祺、施松卿闻讯再次捐款各 150 元。

1004　　1995 年 10 月底,应温州市瓯海区之请,汪曾祺偕施松卿参加由作家、书法家组成的瓯海采风团赴瓯海采风。其间自然少

1995 年秋,汪曾祺与林斤澜（左）在温州

不了为人写写画画,有求必应,往往写到深夜。但也偶有拒绝的时候。有个部门头头叫汪曾祺给写四个字"清正廉洁",汪曾祺虎着脸说:"我不写,我不知道你们清正廉洁不!"

1005 这次采风期间,有个别书法家写过几幅字之后,便觉得白写不合理了,提出索要润笔费,这使领队十分为难。人家处处热情款待,天天游山玩水,山珍海味,专车接送,专人陪同,怎么张得开口?因每到一处写字最多的是汪老和唐达成,领队便征求他们的意见,汪曾祺表态说:"我分文不取!"唐达成也说:"我写字从不收钱,有人要我就高兴。"

1006 这次温州采风,正值前一年温州遭遇台风灾害,损失惨重,当地集资修建19公里长的海堤。采风团访问温州时,堤坝刚竣工不久。回京后,汪曾祺主动写了《瓯海修堤记》,以志"人鱼同乐,仓廪足富"之功。这是汪曾祺唯一一篇勒石的"记"体文章。

1007 1995年,汪曾祺的母校高邮中学庆祝建校90周年,应学校之请,作《高邮中学校歌》:"国士秦郎此故乡,湖山钟人杰。笳吹弦诵九十年,嘉树喜成列。改革开放乘长风,拓开千秋业。且须珍重少年时,不负云和月。"

1008 一般都以为《受戒》《大淖记事》是汪曾祺的代表作,

不过在 1994 年 8 月的一篇文章中,汪曾祺明确地说,他本人最喜欢的小说是《职业》。

1009　　孙女汪卉上小学五六年级时,老师要求从文学作品中搜集好的辞藻,以便作文时用。汪卉遍翻汪曾祺作品,一无所获,恼火地说:"爷爷写的什么呀,没词儿!"外孙女齐方帮腔:"就是。中心思想一点也不突出,在班上最多就是个二类文。"汪曾祺听后大笑,反复说:"说得好,没词儿!"

1010　　1996 年大年初三,时任高邮常务副市长的戎文凤受到国家主席江泽民接见,在谈到扬州名人时,江泽民补充一句:高邮还有个汪曾祺!

1011　　1996 年春节期间,老作家徐迟闲暇中偶读到《蒲桥集》,十分喜欢,情不自禁地为其作评论《偶读〈蒲桥集〉》,刊于《光明日报》。文中描述自己读这本书的情形:"偶从架上抽下的这本书,是作者之名还有点吸引力。在手边放了几天没有打开来读,没有料到书极有味。十来天了,只读了一半,还有半本未读,是舍不得读。怕一下子读完了便没得书读。读上二三十页赶快停止,以辨别滋味,细细咀嚼,有所享受。这样的书现在很不容易见到了。"

1012　　1996 年 1 月,汪曾祺连续通过多幅绘画作品和长篇题跋表达自己的艺术见解。在一幅牵牛花图的跋文中提倡画家写诗，并举齐白石"诗第一，字第二，画第三"和徐悲鸿不善题画而自觉遗憾为证，他还主张"美术学院应延聘名师教学生写诗，写词，写散文。一个画家，首先得是诗人"。

龙钟一叟真痴绝

1013　　1996 年 2 月,汪曾祺搬家到虎坊桥福州会馆前街经济日报社宿舍楼。这是儿子汪朗单位分配的房子。"该挂我的了。"新居撤去在蒲黄榆一直悬挂的黄永玉作高尔基木刻像,而改挂《纽约时报》记者 1987 年拍摄的汪曾祺像。

1014　　1996 年 2 月,作家陈建功领着几个年轻人拜访汪曾祺,在汪家废纸篓里发现了扔掉的废字画,如获至宝地展看。汪曾祺连说"都是废纸",又重新打开一卷他近期的画作,让众人挑选,并题签相赠。

1987 年,《纽约时报》记者为汪曾祺拍摄的肖像

1015   汪曾祺的夫人施松卿年轻时是有名的美人,学生时代人称"林黛玉",到老仍然风韵不减。铁凝为她取了个雅号"伊丽莎白女王",在文学圈子里风传。

1016   何镇邦有一次打趣说,汪曾祺年轻时感情经历颇为丰富,怕夫人生气,不敢多写。汪夫人却笑着说:"这有什么,我还嫌他写得不够呢!"

1017   1995 年冬,汪曾祺的夫人施松卿突患脑梗,起夜时因大脑缺血昏迷,摔倒在地。汪曾祺用了两个小时才把夫人拉到床上,等待天亮,入院治疗。经过一段时间的治疗,夫人终于在春节前出院。

1018   1996 年春,施松卿再次发病,从此卧床,生活不能自理。汪曾祺逝世的次年,夫人也离开人世。

1019   1996 年,林斤澜、陈建功等几位作家编选地域文化散文丛书"国风文丛",邀请汪曾祺担任主编,并作总序。书快编成了,汪曾祺却忘记了作序的事,给他的资料也找不着了。再凑点资料给他,过几天又不知哪里去了。最后决定随便写。他写了将近 3000 字的序言,众人看了之后齐声叫好。

1020   1996 年,金实秋问汪曾祺是否还想写汉武帝,他回答说:"写不成了……一次我把烟搁在笔记本上,笔记本是塑料皮的,烧起来了,提纲在那个笔记本上。"

1021   1996 年,因北京京剧院《沙家浜》演出公告中没有交代该剧系根据沪剧《芦荡火种》改编这一信息,及《汪曾祺文集》所收剧本未提"据文牧沪剧改编"这一事实,沪剧原编剧文牧的遗孀提起侵权诉讼。此事在接下来的数月间一直困扰着汪曾祺,使他一度连续失眠。

1996 年 8 月，汪曾祺与家人合影，（左起）儿子、孙女、外孙女、儿媳、长女

1022 　　1996 年 11 月，翻译家、西南联大 1938 级外文系同学许渊冲回忆西南联大的著作《追忆逝水年华》由三联书店出版。许渊冲给健在的联大同学赠书。他送给汪曾祺、施松卿的书上题词为"同是联大人，各折月宫桂"。许渊冲说，因为汪曾祺与外文系赵全章、袁可嘉都对施松卿有意，他曾见到一张他们四个人在桂树前的合影。

1023 　　1996 年年末，汪曾祺参加了中国作家协会第五次全国代表大会。其间有人向代表们散发《文汇报》，该期转载了《服务导报》上的文章《文艺界频频出现剽窃外国作品公案》，该文指控韩少功的长篇小说《马桥词典》抄袭了塞尔维亚作家帕维奇的《哈扎尔辞典》。作家们一时议论纷纷。汪曾祺对此也大感不平。1997 年初,10位作家发表公开信吁请中国作家协会介入仲裁,汪曾祺是其中之一。

1024　会议期间常有青年作家来访,某晚在茶座聊天,汪曾祺为大家出谜语:"×××(某作家)跳舞",众人面面相觑,他自揭谜底:胡采。

1025　作代会期间,高晓声回访林斤澜,晤谈中汪曾祺来电话叫林去喝酒。林斤澜先说有客人,汪曾祺坚邀,林斤澜乃带高同往。喝了半晌,汪曾祺忽然指着高晓声问林斤澜:"喔,你电话里说的客人就是他呀?……他算什么客人哪!"

1026　作代会期间,作家蒯风洁来访,汪曾祺允诺会议结束后到家里面谈,结果错把林斤澜家电话当作自己家的告诉了蒯风洁;会议期间,汪曾祺同老友赵本夫见过几次,也都说过话,但会议结束前的一次宴会上,汪曾祺看到邻桌的赵本夫后,却问身边的郑万隆:"本夫怎么才来开会?"赵本夫回忆,自己给汪曾祺敬酒,他却端起一杯茶,痴痴地站了一会儿,神色黯然地说,医生不让喝。

1027　在第五次作代会上,汪曾祺当选为中国作家协会 37 名顾问之一。后来,他把"中国作家协会顾问"的身份印在名片上。有人据此说,汪曾祺也有"未能免俗"之处。

1028　　1996 年 12 月,云南人民出版社《大家》杂志在北京举行了首届"大家·红河文学奖"颁奖大会。徐怀中、谢冕、汪曾祺等担任评委。莫言以《丰乳肥臀》获得该奖项。

1029　　1996 年 12 月,《南方周末》约汪曾祺和丁聪二人合作开设专栏,一撰文,一配画。专栏从 1997 年 1 月 10 日开始不定期刊出,汪曾祺亲笔题写《四时佳兴》的专栏名称。这是汪曾祺生前最后一组专栏文章。

1030　　《四时佳兴》的开栏文章《张郎且莫笑郭郎》中,汪曾祺提到了对其合作者丁聪的父亲、著名漫画家丁悚漫画作品的深刻印象:"我从小就爱看漫画。家里订了老《申报》,《申报》有杂文版,杂文版每天都有一幅漫画,漫画的作者是杨清磬和丁悚。"

1031　　1996 年年底,旅居香港 7 年的黄永玉第一次返回北京,约老友聚餐见面。汪曾祺被邀请赴会。这是两位老朋友最后一次见面。汪曾祺兴致不高,喝得也少。李辉记述当时情形:黄永玉忙着与所有人握手、拥抱,走到汪曾祺面前,也只是寒暄几句,那种场合,他们来不及叙旧,更无从深谈。

1032 黄永玉在文章中叙述两人这次相见的谈话："我问他：'听说你又在画画了？'他说：'我画什么画！'这是我们讲的最后一句话。"

1033 1996年冬，汪曾祺书写四年前所作的诗《岁交春》，并盖闲章"岭上多白云"。书法家林岫请教为何在古稀感怀的吟墨上选用此印，汪曾祺答："休得小看这五个字，个中大有清气清骨。"

1034 汪曾祺在昆明时，曾见过一只小白猫。小猫娇小可爱，在墨绿软缎垫上蜷卧着。它的女主人斜卧在睡榻之上，体态也甚优美。1996年，汪曾祺画《昆明猫》怀念那时场景，题诗："四十三年一梦中，美人黄土已成空。龙钟一叟真痴绝，犹吊遗踪问晚风。"女主人公即1939年汪在前往昆明的船上结识，后来在昆明过从颇多的那位广东女士。

"我还有许多东西要写"

1035 1997 年 1 月 6 日,汪曾祺一行飞赴昆明,参加第二次红塔山笔会。当时的玉溪卷烟厂发展兴隆,汪曾祺说此行目的之一是见见老友褚时健,到后却得知褚时健因被举报贪污正接受调查。汪曾祺心情沉闷,当晚作感怀诗一首:"大刀阔斧十余年,一柱南天岂等闲!自古英雄多自用,故人何处讯平安?"

1036 红塔山笔会举行开幕式那天早上,汪曾祺因情绪激动,血压升高,导致右眼眼底出血。风趣的他此时仍对众人扮鬼脸说:"怎么样,我的兔子眼?"医生检查后,大剂量给药治疗,终于好转。

1037　　红塔山笔会移师景洪，游览西双版纳。在车上，汪曾祺念了一首 20 世纪 40 年代关于傣族姑娘的打油诗："屁股翘翘的，腰儿细细的，小伙看一眼，心里跳跳的。"他戏言，就是因了这首诗，他才决定来考察看看，是否"真真的"。没想到真到此一游时，时光竟恍过了 50 年！

1038　　从景洪返回玉溪途中，曹文轩谈汪曾祺作品的艺术风格："怒，不写得怒不可遏；乐，不写得乐不可支；悲，不写得悲不欲生。"汪听后不置可否。当晚红塔电视台来采访录像，恰巧问及风格，汪曾祺指指曹文轩，说："他是我的研究专家，让他说吧！"然后对曹说："你就把白天说的话再说一遍就行了。"

1039　　在昆明，云南作家屠燮昌来访，一见面，汪曾祺就把东道主送的各种品级的玉烟一一摆开，请屠燮昌品尝。

1040　　1 月 16 日中午，汪曾祺等人登机北归。在机场，玉烟公关部王道平等人要与汪曾祺握手，都被"拒绝"了。他只挥了一下上扬的手，片刻后，一字一顿地说："一笑而别！"

1041　　1997 年 2 月 10 日前后，正在北京写作的南翔受福建电视台委托，介绍汪曾祺作为京城名人参与该台系列专题片拍摄。汪曾祺爽快答应。编导小骆一行人到汪宅拍摄,拍摄完毕,汪曾祺亲手做饭招待他们,还赠以多幅书画,连灯光人员都送了。可惜到汪曾祺逝世前,电视片尚未制作完成。

1042 1997年3月7日《北京日报》刊出普通女工车军《爱是一束花》一文,叙述自己家的遭遇与亲情。汪曾祺读后感动得流了泪,当即向邵燕祥、林斤澜推荐,相约共撰读后感。3月19日,他的《花溅泪》及邵、李两人的文章同时刊出。

1043 3月28日,《北京日报》刊出车军《载不动的真情》一文,叙述因《爱是一束花》而引起的事情始末。同日,《北京日报》《北京晚报》特意安排汪曾祺、林斤澜、邵燕祥与车军和她的妹妹见面。汪、林到场,邵燕祥因事未到;车军到场,她的妹妹因刚出院也未到。汪曾祺关心地询问车军两个妹妹的情况,并嘱她安慰生病的妹妹。

1044 1997年4月2日夜,汪曾祺梦见沈从文先生,晨起即撰《梦见沈从文先生》一文记下。

1045 1997年4月,汪曾祺从最新一期《人民文学》上读到刘白羽散文《小平同志万古千秋》。文中前两段为:"我肃立在清冷的玻璃窗前,我望着天安门广场上的下半旗,在猎猎寒风中飘飘拂动。"汪曾祺认为语言有问题,打电话与林斤澜讨论。

1046 1997 年晚春，徐城北为送稿费访汪曾祺，问及最近还想出什么书，他摇了摇头："嗨，早就不想了。我现在唯一想的就是——出一本书画集。"徐临走时，他送到电梯口，又重复了一遍这句话。

1047 1997 年 4 月，《小说选刊》召开天津作家林希作品研讨茶话会。会上，大家请汪曾祺发表意见时，他老老实实地说："我没有看过林希的小说，说不出。"

1048 1997 年 4 月 25 日，汪曾祺赴成都参加中国当代作家五粮液笔会，后去宜宾。在宜宾期间，汪曾祺为五粮液酒厂撰书一联："任你读通四库书，不如且饮五粮液。"

1049 曾任富顺县副县长的汪曾祺表弟杨汝纶自富顺驱车来宜宾相访。汪曾祺与之在翠屏山庄畅谈三个小时，写诗相赠，诗中有句云："与君未相识，但可想清光。葭莩亲非远，后当毋相忘。"

1050 笔会结束回到成都，汪曾祺到大姐汪华家看望，为其子女及孩子们挥毫题诗数幅。孙侄女李真真回忆汪曾祺为他们家写诗的场景：铺纸研墨，燃烟沉默，构思片刻，然后欣然提笔，"同文能重译，笔下走龙蛇。一事最堪喜，手擎二月花"，盛赞了真真的父母翻译家李朝焜、作家扬扬,以及如"二月花"般美好的真真本人。

1051　　1997 年 5 月,王干来访,携一瓶新包装的醉蟹,汪曾祺对此颇感兴趣。因有个法国人想吃正宗的北京豆汁儿,汪曾祺为其做,加以改进,用闲置的羊油和毛豆熬,乃以此豆汁儿招待王干。席间谈及《小嬢嬢》,汪曾祺说这篇小说若名声大了,会惹一些道德批评家恼火来批判。其实早在半个多月前,《作品与争鸣》杂志便发表了激烈的评论文章。

1052　　1997 年 5 月 8 日凌晨,汪曾祺作散文《铁凝印象》,刊于《时代文学》1997 年第 4 期《名家侧影》专栏。这是汪曾祺的绝笔文章。

1053　　1997 年 5 月 11 日,昆明时期的朋友、法国文学专家、南京大学教授徐知免借赴京开会之机来访。徐知免记下当时的印象,"他的容貌、形象和年轻时并没有多少变化,仍然是我记忆中的样子,只是额头上的沟纹是那么深,脸色那么焦黑,而且身躯也似乎有点驼。我觉得老是老了,大家都老了,但看来他精神还可以"。两人长谈,话题广泛。这是汪曾祺最后一次有记载的文学谈话。

1054　　1997 年 5 月 11 日,汪曾祺吃炸酱面时,被菜码小萝卜划破了食管血管瘤。夜 10 时许,食管出血,保姆小陈敲门向邻居詹

汪曾祺与铁凝

国枢、杨乔夫妇求助。邻居拨打 120 叫来救护车,将其急送北京友谊
医院。

1055 1997 年 5 月 12 日,中国作家协会、文艺报社举行"喜
迎'97 香港回归倒计时 50 天首都文学界诗文会",并在中国作家协
会大楼会议厅内外展出了作家、艺术家书画。汪曾祺的绘画《紫荆
图》参加展出,并刊于 5 月 15 日《文艺报》。

1056 5 月 12 日、13 日,汪曾祺食管仍出血,14 日才基本控
制。此时的汪曾祺还同医务人员开玩笑:"我还有许多东西要写,我

也得把你们写进去。"

1057　　5 月 14 日下午,林斤澜来探视,汪曾祺在"只听不说"的医嘱中,还是小声对林斤澜说:"走四个不是?"似指作家朋友中近期去世的冯牧、陈荒煤、端木蕻良和刘绍棠。

1058　　1997 年 5 月 16 日上午,汪曾祺求医生"开恩"允许自己喝茶水,医生勉强同意以水沾唇。女儿汪朝回家取茶叶时,一代文人汪曾祺猝然离世。

读汪百事（代后记）

杨　早

1　汪曾祺的母亲是高邮杨家的姑娘。关于她的名字，一直没有定论，据汪曾祺的大姐说，叫"强四"。这不太像个名字。我的堂叔祖杨汝栩猜测，汪母那一辈是"遵"字辈，是不是叫作"遵祥"？女儿一般不入家谱，何况杨家家谱也还没有找到。我的姑祖母生前画过一张家谱简表，汪母的位置写的是"韵华"，不知何据。

2　汪曾祺和我爷爷是表兄弟，汪曾祺是 1920 年元宵节生人，我爷爷是同年重阳节生人。可能是丧母的缘故，汪曾祺小时候常常在舅舅家玩，跟同龄的我爷爷玩的时候不少。不过他们小学读的不是一所。因为我的高祖杨蒂 1911 年辞官归乡后，他名下的杨三房从杨家巷旧宅搬到城里熙和巷去住了。所以我爷爷读的是高邮一小，汪曾祺读的是高邮五小。

3　汪曾祺散文《悔不当初》里提到"初中原来教英文的是我的一个远房舅舅，行六，是个近视眼，人称'杨六瞎子'"，杨六瞎子真名杨遵方，字策之，是我爷爷的六叔，因为眼疾，日常戴着墨镜。他从复旦大学毕业后在家乡高邮为小学五年级、六年级及初中讲授英语，很受欢迎。不过汪曾祺上高邮中学时，他已经退休了。

4　汪曾祺小说里写得最多的杨家子弟，一个是杨遵路，字由之，号甓渔，是我爷爷的大伯。《徙》里高北溟的老师谈甓渔，是由汪曾祺的曾外祖父谈人格与杨甓渔合二为一的形象。高北溟也确实是杨甓渔的学生。杨遵路早年跟着父亲杨蒂留日，法政大学毕业，回国后当过一任兴化县长，辞官后回乡创办过同仁文学杂志《文盉》。

5　另一个是杨遵路的二弟杨遵义，字宜之。这人也是一个名士，汪曾祺的父亲汪菊生续娶，他送了一副对联"蝶欲试花犹护粉，莺初学啭尚差簧",汪曾祺后来说"实在很不像话"。汪曾祺把杨宜之写进了小说《鲍团长》,杨瞧不起军人出身的鲍团长,阻挠彼此儿女交往。总之,汪曾祺对这位舅舅印象似不太好。

6　《名士与狐仙》中的杨渔隐,大概是将杨遵路与杨遵义两个人合在一起写出来的,两人都是名士。以诗文会友,又是"大房",这像是杨遵路;妻子去世后娶了小莲子,这比较像杨遵义——他是纳妾另居,撇下妻子在熙和巷,颇受家族中人訾议。

7　《鲍团长》里说"杨家是世家大族。杨宜之的父亲十九岁就中了进士,做过两任知府",此是小说家言。实则杨宜之父亲杨苪中进士时至少29岁了(一说35岁)。杨苪的儿女亲家吴同甲倒是17岁中了进士,与杨苪的父亲杨福臻是同年。

8　《忧郁症》里写了一位"杨六房的大小姐",过着很精致的生活:"杨家是名门望族。这位大小姐真是位大小姐,什么事也不管,连房门也不大出,一天坐在屋里看《天雨花》《再生缘》,喝西湖龙井,嗑苏州采芝斋的香草小瓜子。她吃的东西清淡而精致。拌荠菜、马兰头、申春阳的虾籽豆腐乳、东台的醉蛏鼻子、宁波的泥螺、冬笋炒鸡丝、砗螯烧乌青菜。"奇怪的是,杨家八房中,六房是最少记载的,什么信息都没留下来,也不知道原因。

9   我小时候常听祖父说,汪曾祺小名叫"和尚"。1997 年两人在宜宾重逢,说起此事,汪曾祺纠正说,你的小名才叫"和尚",我叫"黑和尚"。这个应该是汪曾祺对。但是汪曾祺 1980 年与叔祖父杨汝纲通信,说:"汝纶我好像还有点印象。他是不是外号叫做'道士'?"我肚子都笑疼了。

10   三叔祖父杨汝纲比汪曾祺小 10 岁,早在 1949 年就是《邂逅集》的读者,而且是很迷的那种。他在 1970 年 6 月 11 日给我姑姑的信中有一句"我看你的信看到这里时,就忽尔记起汪曾祺一篇小说里引过的一句话:'世间还有笔啊,我把你藏起来吧!'"这正是《邂逅集》中《囚犯》的末句。杨汝纲在给妹妹的信中骄傲地说:"我大概是最有资格谈论汪曾祺作品的读者之一。"

11   1980 年 10 月左右,叔祖父杨汝纲在《北京文学》上看到《受戒》,就写了一封信寄给《北京文学》编辑部,编辑部把信转给了汪曾祺,从此两人通信颇多,谈文论艺。在此之前的 7 月,杨汝纲已经有一信寄《新观察》杂志,请转汪曾祺,内容是谈汪新近发表的小说《黄油烙饼》,但这封信明显没有送到。杨汝纲在同时的家信中说:"五十年代就想写这么一信的,拖到现在才来完成,算是了一件事。"

12   汪曾祺一开始以为杨汝纲是"六房的二舅舅家的",并说"如果是,我就想起许多事"。可是,六房后来绝了……所以到底是些什么事,好想问问汪先生。

13 汪曾祺在给杨汝绚的第一封信里有一句话,"你大概还不知道,我是'鼎鼎大名'的《沙家浜》的作者"。此前因为"御用文人"问题不断写检查,汪曾祺并不太愿意提及这一点。现在主要向多年未见的表弟讲起,个中心态也很有意思。杨汝绚专门把这句话挑出来写在给妹妹的信里。

14 杨汝绚当时在隆昌一中教书。汪曾祺看到地址,就在信末附了一句"隆昌是个不错的地方。隆昌的泡菜坛,很好看。能写一点关于泡菜坛的散文么?"杨汝绚很感慨,跟家人说作家的见闻之杂,由此可见一斑。

15 1982 年 4 月 9 日—5 月 13 日,汪曾祺与林斤澜、刘心武、孔捷生、何士光五人访问四川,一个多月走了不少地方。汪曾祺在当年 12 月 17 日致杨汝绚信中说:"在由成都到大足途中曾经过你原来教书的那个县,吃了一顿饭,本想到二中去看你,因为时间匆促,未果。亏得没有去,否则扑了个空。在成都没有见到你,真是遗憾。"当时杨汝绚已经调到成都。正好大哥杨汝纶也从富顺来成都开会,曾提议是不是一道去看汪曾祺,杨汝绚在 5 月 29 日给妹妹的信中说:"因为花时间而且劳累,事先还要联系,终于没有去。汪这一次是作为四川文艺界的贵客之一来的,一行五人据说招待费用就花了几千。"

16　1981 年秋,我父亲杨鼎川正在华南师范大学中文系念现代文学专业研究生。那时候研究生毕业前有 300 块钱的学术经费,可以到处去找资料、探访、考察,他就从绍兴、乌镇这些现代文学大家的故乡一路往北,最后到了北京,见了好几位学者和作家,其中包括汪曾祺。他当时的记录中有两点细节:一是谈话当中提到当时正时兴的"意识流",王蒙的意识流小说当时是最有名的,但是汪曾祺说王蒙的意识流"流得还不够美";另外一点是跟汪曾祺聊好些事,他都是含糊其词的,估计还对当时乍暖还寒的文学气候心有余悸,父亲在日记里写"汪是个老狐狸"。

17　我第一次看汪曾祺的作品,应该是 1984 年小学六年级在爷爷的办公室。办公室离家只有五分钟路程,但我在家里会分心去看课外书。办公室只有一些公文和一部县志。难得能看的杂志是《新华文摘》与《人民教育》。《人民教育》每期的末几页,会选载一篇小说,《受戒》是在那上面看到的,阿城的《孩子王》则是在《新华文摘》上。

18　1987 年,我从富顺转学到成都,插班到黄瓦街中学读初三。路远,中午在学校吃一顿饭。吃完午饭到下午上课,是难得的课外书阅读时间。我在桌肚子里放一本《晚饭花集》,中午翻来覆去地看。最喜欢的篇目是《八千岁》《星期天》《金冬心》。记得张辛欣曾在《文汇月刊》上猛夸过《金冬心》，主要是夸那张菜单，说别人写不出。

19　　我 1991 年—1995 年在中山大学中文系读本科。头一两年喜欢跟朋友讨论余秋雨，后来放弃了。另外就是迷 M. 昆德拉，像汪曾祺当年迷纪德。我一直在向周边朋友推荐汪曾祺，他们似乎不是太感兴趣，还取笑我"还不是因为是你家亲戚才推荐的"。大学四年，我把一本漓江版的《汪曾祺自选集》（封面有照片那版）翻烂了。

20　　1994 年 8 月，我作为中山大学辩论队队员，参加北京电视台主办的"长虹杯"全国大学生电视辩论赛，正好父亲也到北京大学访学一年，我们一起去蒲黄榆访汪曾祺。

21　　那次访问留的第一印象是"茶很香"，汪先生说是碧螺春，茶好，也舍得放茶叶。后来看《老头儿汪曾祺》，写汪先生泡的茶总是第二遍最好的时候被家人滗走喝掉，唯剩茶叶，不禁失笑。

22　　我问了"汪爷爷"几个问题，如"《骑兵列传》《王四海的黄昏》为什么没有收入自选集"，他回答的好像是：那里面虚构的成分太多。看着施松卿先生很温暖地训"老汪"，又感慨了一句"您二老过这一辈子真是难得"，老汪嘟囔了一句："碰撞了一辈子。"

23　　我拿出刚在北京书市买到的《汪曾祺文集·小说卷》（上），

请汪先生"题一句您写小说最深的心得"。老头儿想了半分钟,起身去了里屋。出来时,字已经写好了,还加盖了印章。词曰:"小说是删繁就简的艺术。"父亲获赠了一本 1993 年成都出版社出的《草花集》。

24 父亲在北大跟着谢冕、洪子诚二位教授做一年访问学者,主要研究的是汪曾祺 20 世纪 40 年代的创作。那时北京大学图书馆的旧刊室不对访问学者开放。父亲屡次申请未果,曾打算带上水壶到北大图书馆门口静坐抗议,被"同访"劝阻了。后来北大图书馆改变了旧规,父亲才能借到《邂逅集》。

25 1994 年 12 月 13 日午后 4 点到 8 点,父亲到蒲黄榆,对汪先生做了长达四个小时的访谈,主要谈汪先生 20 世纪 40 年代的创作。父亲问汪先生:能不能编一部汪曾祺研究专集? 汪先生说了四个字:"我不同意。"我父亲说:"为什么? 觉得没有必要编吗?""我这个人没什么研究头儿,不值得,我这是很真诚的,不希望有人去写研究我的书。……我已经写了,爱怎么说就怎么说,好好一个人,研究他干什么。"

26 1996 年,我去北京为考北大研究生"踩点",再次与父亲访问汪曾祺。那时汪先生已搬到虎坊桥,大病初愈,脸色不大好,施松卿先生也坐了轮椅。头天下午去,聊了一阵,二位先生约次日再去吃午饭。

27　施先生让汪先生送我一幅画，我跟汪先生进了书房。这是现成的刚画的画，画的是绣球花，题词也已经有了："绣球花云南谓粉团花，以之谓少女，似他处未见。"汪先生要补一个上款，想了想，问我："我应该叫你什么？"我一下子不知道应该怎么叫，只好说"汪爷爷您都不知道，我就更不知道了"。所以只题了"杨早"二字。后来想，应该叫表侄孙。

28　次日中午再去，也见到了汪朗和汪卉。汪先生那时已经做不动饭了，菜是小保姆做的。有两种酒，洋酒待客，汪先生自己喝一点葡萄酒。两种酒瓶都是盖子上戳一个洞，就这么往外倒酒。汪卉那年 13 岁，拍着汪先生的头叫他"老头儿"，让人印象深刻。

29　后来听爷爷说，他与汪曾祺 1997 年在宜宾见面，谈起我准备辞职考研，家里不大赞成。汪先生也不赞成，说："我还不是大学肄业！"意思是有真本事，不需要学历、学位这些东西。

30　1997 年 5 月汪先生去世了。在这之前几天，我外公也在成都去世。还有 4 月去世的王小波。我当时在《羊城晚报》工作，正打算辞职考研。5 月的广州多热啊，听到这个消息，我却身上一阵阵发冷。赶了一篇《斯人也，而有斯文》，发在《粤港信息日报》上。2017年认识李建新兄，得知他居然还存着这张报纸，我很吃了一惊。

31　我所在的《羊城晚报》文艺版两天后发了一篇文章,也属于纪念汪曾祺的文字,我刚拼完次日的版,看到刚出街的报纸上写着"汪曾祺夫人萧珊,又名陈蕴珍",不禁火冒三丈,马上给楼上的文艺部打了个电话,希望他们更正。

32　上北大之后,有一次上孙玉石老师的课。课程作业是选一个现代作家写他的创作。名单里有汪曾祺。我很想选,但又害怕,觉得自己太喜欢的作家反而不容易写出新意,也想不出什么新的角度。最后我选了穆旦。

33　2007年是汪曾祺逝世10周年。头一年钟洁玲约我编"大家小集"中的《汪曾祺集》。她到北京来签出版合同,我才跟着她,头一次见到汪朝。《汪曾祺集》出版后,有一位女同事在单位走廊逮着我,质问:"为什么是你编汪曾祺?应该我来编呀。"我也无话可说,只好说"我们是亲戚嘛,有感情分"。

34　2007年5月16日,汪曾祺纪念研讨会在鲁迅博物馆举办。我下午有事,只参加了上半场,提交了《汪曾祺集》的前言《汪汪地向前流去》。那天的《中华读书报》有一个整版,一篇是何镇邦先生的纪念文字,一篇是我写的《他见过老头儿,就两回》。中午散会之前,上厕所碰见汪朗叔叔,很不好意思地跟他打了个招呼,他笑着问:"你也来了?"

35 也是在那次会上,有个人摸到我身边,翻开一本书给我看,上面引了我写汪曾祺"猴相"的一段文字。我也是唯唯而已,交换了联系方式,那个人就是苏北。

36 我从小学六年级开始成为汪迷,1998 年读研之后有了研究能力,但我有十多年没有敢去研究汪曾祺。汪曾祺在当右派之前,说过一句话,后来自己都忘了,郭小川替他记得,一直记到"文革"后期。那句话是:"凡是别人那样写过的,我就决不再那样写!"正是因为喜欢汪曾祺,我对自己,也有一点点类似的要求。

徐　强

1 2009 年春,我第一次去高邮,批评家张宗刚兄请陆建华先生把我介绍给高邮市委宣传部的陈其昌先生。陈先生热情相陪,引领我在高邮各处踏勘一周左右。

2 第一次去高邮,有意去看了一些做老手艺的摊铺。在南门大街曾进入一个手工服装店,店主是一对老人,一位 94 岁,一位 95 岁。店里四壁满满地挂着老爷子亲手缝制的各种中式衣服,样式传统,做工精细,很难相信出自垂老之人。我买了两件孩童服装作为纪念。两年后再去高邮,特意从那家店铺门前经过,没有看到那两位老人,也没有再见到那满壁的精美衣服……

3　2011 年前后,我通过多种渠道,终于联系上了张家口文联前主席杨香保先生。杨先生是汪曾祺在《民间文学》时期的老同事,1958 年两人同时被打成右派,一起被放逐到张家口劳动,后来他留在当地从事文艺工作。几次电话长谈,杨先生备述有关历史,为我澄清了很多疑惑。杨先生还特意将 1983 年汪曾祺重返张家口的前前后后写成一篇六七页的综合材料,连同一些文字、照片资料寄来,为我在年谱中叙述相关史实提供了翔实的依据。

4　2014 年某日,我再次打电话给杨先生,想致以问候并请教几个问题,但接电话的是杨先生的夫人。她告诉我,杨先生已于日前仙逝……

5　沈从文擅长书法,喜欢议论文人书法。汪曾祺在这方面受到沈从文的影响,也喜欢谈论书史、臧否人物。本人因个人喜好,颇为注意这方面的材料。从崔自默一篇文章中得知汪曾祺曾在《中国艺术报》发文谈论毛泽东书法,乃起意查找。因这个报纸不常见,也没有被收录到有关索引,于是设法从报社购得全年合订本。为一篇文章而购买全年合订本者不少,此为一例。

6　　也有购得一宗资料却得不到想要篇什的情况。曾在摄影家沈继光先生处听说汪曾祺的《胡同文化》刊于《中国摄影》,连续购买了1993年后三年的合订本,遍翻无着;又疑沈先生错记为《中国摄影报》,也购买了该报的合订本,仍然没有。

7　　艺术评论《寄到永玉的展览会上》(1950年)表现了汪曾祺对于黄永玉木刻艺术的深切理解。文章原载于香港《大公报》。因为字迹漫漶,汪朝提供的初步整理稿尚存多处暂时附会的释文。有一段时间我对着图片仔细琢磨,终于解决了存疑的字,感觉比较有把握,兴奋之余把手中的笔摔在了桌子上。《汪曾祺全集》出版后,有次代表编委会接受报社记者采访,被问到有什么难忘的瞬间,就随口说了这件小事。后来见报稿件中赫然有一标题,"认对一个字发现一篇佚文　编者曾兴奋得摔坏了笔",本事在此。

8　　曾给作家宗璞先生去信核实与汪曾祺交往的有关史实,因为知道先生目力不济,特意用大纸书写超大字体。不久收到了先生回复的电子邮件,用的是超小字号。想来先生并不是自己拆阅信件并作复,而是有年轻助手帮忙的。

9　　高邮话属于江淮方言,对我这个山东人来说很难听懂。但我在汪曾祺笔下偶尔发现山东方言中同样也有的词语,倍感亲切。例如

《踢毽子》写到一种玩法叫"嗨（读第一声）卯、喂卯"，完全是我们小时候的玩法和叫法：诸城方言称毽子（多数是装苞米粒的沙包）为"卯"，把往远处扔叫作"嗨"。

10　又如《侉奶奶》中的"侉"、《熬鹰·逮獾子》中的"淘换"，以及《老头儿汪曾祺》中提及汪曾祺常说的那句"听蝲蝲蛄叫，还不种庄稼了"，都是诸城一带民间常言。毕竟苏北地区去山东不远，又因大运河贯通，方言吸纳南北，也是自然的事。"蝲蝲蛄"即蝼蛄，农业害虫。"听蝲蝲蛄叫，还不种庄稼了"意为即使知道地里有此害虫，也不能因此放弃耕种。

11　某年在中国现代文学馆查找汪曾祺手稿资料，发现两通汪曾祺亲笔信，一通致邓友梅，一通致萧乾。按馆中规定，手稿须两名管理人员同时在库房取出，在他们的看护下观摩，不能抄录不能拍照，最后用手机录音功能读录出来，后经整理提供给全集书信卷。几年后在本人召集的一次论坛上，不少学界同仁提起文学馆藏品开放利用问题，大家大唱苦经，同声慨叹，原来有此经历者并非一人。

12　2015年在云南踏勘期间到昆明几个图书馆访求资料。云南大学档案馆有馆员刘大巧老师热情提供服务，我北归后还收到刘老师寄赠的有关资料，后来我为该馆写了一封感谢信。年末，刘老师来信相告：该馆在云南档案系统获得了某种荣誉，那封感谢信作为证明材料发挥了作用。此为资料寻访过程中的愉快记忆之一。

13　　翻译家巫宁坤先生教我学会打网络电话。那是七八年前,我通过电子邮件与身在美国弗吉尼亚州的巫先生取得联系,向他了解与汪曾祺的交往史实。巫先生建议我安装 Skype 软件,我遵嘱而行,后来有过数次交谈。巫先生与汪曾祺同龄、同窗,一生坎坷,但得享高寿。记得年近九十的他还在一家福利机构当义工。

14　　作家苏北是安徽人,我和他的结识,以及开始的数次见面,却在长春。他供职于中国农业银行安徽省分行,农行在长春设有全国性的培训中心,每年在此间培训,他不放过每次受训机会,借机广交朋友。我乃有缘结识这"天下第一汪迷"。

15　　有次和苏北在长春某餐厅吃晚饭,在座某美女作家点了一盘东北家常凉菜,里面照例有大葱蘸酱。苏北惊讶地问道:"大葱难道可以生吃吗?"这一问让我觉得,他虽饱读美食作家汪曾祺的作品,但在饮食文化上的常识还有待丰富。

16　　又一次,我邀请苏北到我所在的学院做了一次演讲,主题当然是汪曾祺。我的一个学生当时在某消防队当指导员,因为喜欢汪曾祺,极力邀请苏北给他们消防队官兵上一堂课。到了消防队,参观了处处豆腐块一般方正的内务后,官兵们集合,每人一个小马扎,挺胸抬头,目不斜视,两手端放于膝盖,庄严肃穆地听苏北讲课。他那天的话题主要是:青春期战士生理压抑及其排解。

17　山东作家毕玉堂,是汪曾祺1991年参加泰山笔会的主要接待人。我曾向他寻访有关史实。毕先生索要了地址要寄资料(后来寄来一包特意加洗的汪曾祺在泰山笔会上的照片)。闻听我的供职单位,他兴奋地说:"你们学校出版社九十年代出版过一本散文集,收了我的某篇作品,我一直没收到样书和稿费。现在稿费不要了,能否帮我找一本样书做纪念?"那本书旧书网上居然没人卖,二十年间出版社也早搬了家,实在不好找。不过幸运的是,几经周折,在朋友的帮助下找到一册,果然有毕先生那篇文章。立即奉上,满足了毕先生的一个愿望。

18　1997年我正在读研究生二年级,迷恋结构主义,醉心用图式结构方法表解文艺作品,汪曾祺作品成为试刀对象,乃写下第一篇研汪论文,用杜撰的"事件密度"和"推进速度"之类的概念比其叙述特征。文章没有发表,手稿置之箧中至今,算作研读汪曾祺起步时期的纪念。

19　2018年末,我在上海外国语大学开会,年届九十的施行先生知道后特意约见。那天会议刚结束,施先生已经等候在会议室后门外。一见之下十分热情而随和,他引导我和两名学生一起到不远处的寓所。夫人雷佩庆老师是广东人，一样健朗热情。施先生家是复式住宅，当施先生在一楼工作台前向我们展示他搜集的汪曾祺资料和正在编写的马华词典时，夫人急切地等在一边，抓住个空子就拉我们上楼去看她的收藏，记得有音乐家贺绿汀送给她的画，那种得意的、期待赞美的神情完全像个天真的孩子……后来两夫妇到附近的广东餐厅请我们吃了一餐美味的粤菜。

20　2018 年，郭洪雷教授协助山东大学文学生活馆负责人谢锡文教授筹备汪曾祺系列讲座，当年冬节邀请我做一专题。我讲了"汪曾祺的文化地理"。演讲开头，从中国文人的"游观"传统讲到汪曾祺的履踪所至，我发现，全国 30 多个省级行政区，除了澳门、青海、宁夏没有记录，其他省（区、市）汪曾祺都曾踏足。

21　段春娟老师曾为山东画报出版社编辑。在该社最为辉煌的时代，段老师编了一套汪曾祺作品集，颇受好评。我和她久有联系但从未谋面。这一次我们相约在山大见面。演讲结束，一番热闹的合影之后，我才想起给段老师发信息。结果，第一排离我最近的一位女听众走过来，说她是段春娟。她手里拿着一个大个儿的红苹果，是特意为我带的，因为估计我开场太早来不及吃晚饭……

22　上海是汪曾祺生命中的一个重要驿站，但他专门书写上海经历的作品极少，这一时期的记录也不是很翔实。最近几年借由张希至、顾村言、龚静、林益耀先生的回顾、考察,许多细节浮出水面。林益耀先生是汪曾祺在致远中学任教班级的班长,后来成为知名机械专家。他向我提供了当年老师们给他写的留言册。其中有汪曾祺引《近思录》文字,用毛笔为他题写的留言:"须是大其心,使开阔;譬如为九层之台,须大做脚始得。"这是目前所见汪曾祺最早的手迹,字有篆隶风格。

23   我采访过的汪曾祺另外两个学生是诗人臧克家的两个儿子:臧乐源、臧乐安。臧乐源先生是著名伦理学家,曾任山东大学哲学系主任;臧乐安先生是俄文翻译家,退休前系中国国际广播电台资深翻译。两兄弟 1947 年进致远中学,成为汪曾祺的学生。他们的回忆充实了我对上海时期汪曾祺行实的认知。我访问他们的时候,他们分别为 84 岁、83 岁。许是诸城小同乡的缘故,他们对我的回答格外热情。

24   众所周知,20 世纪 60 年代中期以后,汪曾祺有十多年时间在"文艺旗手"麾下工作。这是他和诸城人士交往的另一事例。

25   上海沪剧作家文牧,与汪曾祺的交往有戏剧性。文牧是沪剧《芦荡火种》的原始编剧。20 世纪 60 年代前期,汪曾祺等奉命改编该戏为京剧。1963 年年末,在林默涵建议下,上海沪剧团到北京访问演出,与北京京剧团进行一对一交流切磋,汪曾祺的切磋对象自然就是文牧。90 年代中前期,因为《沙家浜》收入文集署名问题,文牧遗孀状告汪曾祺等,成为汪曾祺晚年最受困扰的一件事。与晚年汪曾祺交往过的,还有另一位文牧,则鲜为人知。他原名方半林,是吉林散文诗作家,在 80 年代后的散文诗坛颇受注意。汪曾祺有个别作品经他手发表在长春的报刊上,1996 年汪曾祺为他的散文集写序《再淡一些》。几年前我趋访方先生,看到了他珍藏的汪曾祺手迹。遗憾的是,方先生婉拒我为手迹拍照。

26　　汪曾祺散文时有记忆或史实错误。如《修髯飘飘》:"他(闻一多)和几位教授带领一群学生从北京步行到长沙。"又如《七载云烟》:"三校部分同学组成'西南旅行团',由北平出发,走向大西南……自北平至昆明,全程 3500 里,算的是一个壮举。"按,长沙临时大学再迁云南时,一部分师生组成"湘黔滇旅行团",徒步迁往昆明,并非从北平出发。所谓 3500 里,当指长沙到昆明的距离。

27　　时下刊物分三六九等,一些牛气的作者接受约稿看对象。汪曾祺似乎不很在意刊物"级别",兴之所至,再"低"的刊物都不歧视,供稿内容则善于"看人下菜碟",根据报刊性质和读者对象提供合适的作品。他为《书友周报》写过《书到用时》,为《中国珠宝首饰》写过《彩云聚散》(包括《蕉叶白》《田黄》《珍珠》三题),为《中国名牌》写《名实篇》,为《中国烹饪》写不少美食类文章,为《中国旅游报》写旅行记,为地质刊物《新生界》写《地质系同学》,为《中国体育报》写《踢毽子》,都十分贴切。他真是报刊编辑心目中最体贴的作者。

28 汪曾祺年轻时"耽佳句",大有语不惊人死不休意味。早期散文《小贝编》说人在梦里是个疯子,他自己梦成一句话:"秋天是一节被删的文章。"《干荔枝》引诗结句"看人放风筝放也放不上,独自玩弄着比喻和牙疼。谁也不欣赏",以及"所有的东边都是西边的东边"等句,50年代的小字报《惶惑》中说"我爱我的国家,并且也爱党,否则我就会坐到树下去抽烟,去看天上的云","我愿意是个疯子,可以不感觉自己的痛苦"……诸如此类,在我看来都堪为汪氏"金句"。高邮赵德清先生主持"汪迷部落",前年曾发起汪曾祺金句评选,可惜这些都没人提。

29 汪曾祺有深厚的诗学修养,又长年从事戏曲唱词写作,汉语语感强,造语符合声韵规律。单说仄起平收这一点,如《知味集》征稿小启:"浙中清馋,无过张岱,白下老饕,端让随园。""或小市烹鲜,欣逢多年之故友;佛院烧笋,偶得半日之清闲。""颜色饶有画意,滋味别出酸咸。"《故人往事》:"老白粗茶淡饭,怡然自得。化纸之后,关门独坐。门外长流水,日长如小年。"下笔自然,又无不得体。

30 汪曾祺深得前代作家"炼字"传统熏染。于古人,他欣赏过苏东坡写病鹤"三尺长胫搁瘦躯"之"搁"字;于现代作家,他推崇过鲁迅"剩在书房里"的"剩"字,"酱在一起"的"酱"字,沈从文"独自一人，坐在灌满了凉风的船头"的"灌"字，"便镶到水手身旁去看牌"
的"镶"字，阿城"老鹰在天上移来移去"的"移"字等。他本人在《花
园》中写土蜂"拖着肚子"，《紫薇》中写"它起翅飞去，花穗才挣回原
处，还得哆嗦两下"的"拖""挣"都是工稳炼字的典型。至于小说《虐
猫》标题中"虐"字虽被质疑不合语法，他也是琢磨许久，没有找到更
合适的说法才保留的，同样留下了苦心炼字的痕迹。

31　　汪曾祺写文章触及过写作可教不可教的问题。他本人的学
文之路，在该问题上是一个值得探讨的个案。有人或以为汪曾祺的
经验不可学，我的观点相反，认为他的作品容易模仿，他的谈文论艺
之作可信，他的从生活、阅读、鉴赏到创作的路程值得效法。所以，我
向学生推荐作为学问压舱石、写作指南针的典范作家时，汪曾祺一直
是首选对象。

32　　研究一个作家，不仅要读这个作家的书，还要力争读他所读
过的书。汪曾祺的学问属于杂学，涉猎广，而且不乏偏门，但循他的
书单逐一浏览或精读，除了获得学问新知，每每能对汪曾祺有所领
悟。我因为汪曾祺而加深印象的书包括以下数种：《辞海》《梦溪笔
谈》《荆楚岁时记》《梦粱录》《东京梦华录》《癸巳类稿》《十驾斋养新
录》《一岁货声》《植物名实图考长编》……

33　　汪曾祺的字，有童子功，在同代作家中功底算得上深厚。他

少时曾写《圭峰碑》。这个碑的书者是唐代裴休，米芾评其"率意写碑，乃有真趣，不陷丑怪"。我晚近才得以仔细观摩该碑，恍觉汪曾祺书写中的真趣率意等特征渊源有自。

34　　2019 年秋季，我召集新文学作家手稿研究论坛，特意选出汪曾祺四篇手稿彩印成册，作为会议资料赠送与会专家，得到大家欢迎。这大概是迄今以手稿为主题汇印的唯一一本汪曾祺作品集。

35　　小说《鉴赏家》以及大量有关各门类艺术作品的散文、评论，证明汪曾祺是现代最好的文艺鉴赏家之一。如果要为文艺鉴赏开列参考书，汪曾祺的这些作品当居榜首。

36　　沈从文先生留下的动态影像与声音不多，我只在现代文学馆听过他的录音。汪曾祺比他的老师幸运不少，留下了一些影音资料。我最早是从施行先生寄赠的光盘中看到汪曾祺的影音形象，近几年陆续在网络上看到一些，但总的来说还嫌不多。如果汪曾祺先生多活一二十年，赶上电子传媒时代的全盛时期，那么他留下的影音一定多得多，像我这样没有见过他的研究者就会少一些遗憾。

李建新

1　我一直以为，第一次看到汪曾祺的名字，是从 1984 年第 8 期《连环画报》上朱新建画的《陈小手》，几次写小文章也都这么说。前些天忽然发现，1983 年第 6 期《连环画报》已经有了《大淖记事》。当然，这个连环画我也看过很多遍，总觉得要晚一些。竟然记错了。可能的原因是，1983 年我才读小学一年级，认不了几个字，1984 年读《陈小手》已经没问题，而且《大淖记事》故事相对复杂，当时恐怕也理解不了。

2　1992 年第 3 期《中学生阅读》杂志，有三篇汪曾祺先生的文章：写给中学生的短文《开卷有益》，小小说《虐猫》，和他应约撰写的创作谈《关于〈虐猫〉》。封二有汪先生的照片。那是读初三时，有一天晚自习下课，教室里点起蜡烛，乱哄哄中同学传给我的。在昏黄的烛光下，原来汪曾祺是这个样子：稀疏的头发乱乱的，眼睛很亮。我用一本书和同学换了这本杂志，好像是绿色封面的《天方夜谭》故事选。

3　高中所在的小城有一条书店街，我在一家店门口见过成都出版社的"听雨楼文丛"，有刘心武和王蒙写的两本，却没有汪曾祺的《草花集》。后来在陵雅斋向南走到头的一家书店发现一本《塔上随笔》,但是书太破旧了,犹豫了半天没买,以为还会再见到。过了一周去看,破书也没了。大概是1994年的事。

4 我们那所高中,每学期开学,给各班发一份邮局报刊征订目录,学生订什么报纸杂志,老师不管。我的同桌订了半年《中华气功》。我订了两年半《中学生阅读》。1994年下半年还订了一份《读书》,大部分文章看不懂,能读且留下印象的有两篇:汪曾祺《使这个世界更诗化》,李锐《留下的,留不下的》。

5 一位同学订的《中学生语数外》杂志上,有道语文阅读题,文段选的是汪曾祺《天山行色》的一节《南山塔松》。我把这个片段工工整整抄在了笔记本上。

6 1996年暑假,买到新出版的《矮纸集》,一口气读完。读得晕晕乎乎,好像小明子的心给一串美丽的小脚印踩乱了。

7 1997年5月,有一天去郑州火车站送同学,为了换零钱乘102路电车回学校,在红珊瑚酒店靠东边的报刊亭买了一份《粤港信息日报》。翻开赫然一篇《斯人也,而有斯文》,配了一张最常见的汪先生照片,作者杨早。这篇悼念文章让我大吃一惊,怎么可能!

8 北师大版《汪曾祺全集》出版后,我在郑州遍寻不到。常去伏牛路图书城买书,在北斗书店问老板,说还没到货。过了一段时间又去,告诉我卖剩下的书全退回出版社了。

9   工作第二年,2001 年 6 月,我和周雁老师去赤峰参加中国古都学会的年会。到北京转车,在西单图书大厦逛了一会儿,看到书架上有《汪曾祺全集》,慌慌地去找售货员问,她说书不齐,找不出整套的。当时我已经想好,过一会儿把旅行箱里的衣服掏出来装书。

10   几年后终于在孔夫子旧书网买到了全集,钱付过,卖家却只寄来六本书,说第一、二卷找不到了。又过了几个月,找另一个卖家才凑齐。

11   2000 年前后,大学同宿舍睡我下铺的徐一龙一直订《读书》,有段时间对我夸陈徒手写得好,写汪曾祺那篇尤其好。纬一路河南日报社门口开了一家席殊书屋。有一天,他说在席殊看到了陈徒手的《人有病 天知否:1949 年后中国文坛纪实》。下午下课后,我骑车去把店里仅有的两本都买了,帮他带了一本。

12   2003 年,学会在孔夫子旧书网买书以后,竞拍到一本《晚饭花集》初版本,是"广播电视部"资料室的书,28 元。很兴奋。有网友评论"这么贵啊",我真没觉得。

13 2004 年 9 月，99 读书人论坛另开辟了"小众菜园"，请作家陈村先生去做版主。是半开放式的，未经邀请的网友可以浏览但不能发言。想办法得到"村长"允许进了菜园，把朱新建画的连环画《陈小手》，还有他画的白先勇《永远的尹雪艳》，扫描后贴进去，是我发的第一个帖子。一年多之后朱新建先生进菜园，我兴冲冲地把那个帖子顶出来给他看。再后来"村长"他们组团去南京朱府拜访，朱爷私信说"寄爷也来南京玩玩?"网名"寄居蟹"的我婉拒了，以为来日方长，没想到再也没机会见到他。

14 2004 年下半年，我在河南日报报业大厦九楼的《漫画月刊》编辑部，忽发奇想，可以编一套关于草木虫鱼的书，作者包括叶灵凤、邓云乡、周瘦鹃，当然还有汪曾祺。汪曾祺一本，计划叫作《草木春秋》或《草木虫鱼鸟兽》，难得立刻动起手来，从全集中复印了选好的篇目。现在那些稿子还躺在我家某一个角落。

15 把胡思乱想的"策划方案"告诉张胜，他说值得出，有空可以着手联系作者家人取得授权。于是，2004 年 12 月我在网上发了一个帖子，找周瘦鹃、汪曾祺的著作权继承人。2020 年 4 月，邮箱里忽然收到日本东北大学一位留学生的邮件，说看到我 16 年前的帖子，试着问问后来联系到汪先生家人没有。她想把汪先生的散文《老舍先生》译成日文，需要家属授权。于是我转告汪朝老师，一切顺利。

16　　2005 年到《中学生阅读》杂志工作，好像有点奇妙的前缘似的。那本有汪先生作品的杂志后来被我剪掉了，他的照片贴在笔记本上。在《中学生阅读》编辑部，主编搬家，翻出了一本 1992 年的合订本，我现在还存着。

17　　工作不算很忙，中午总无事可做。有一天想到，可以在汪先生生前出版的书的基础上重新编一套集子。那些书名多为他自拟，别有意趣，且无可替代。眼前浮现的参照对象是河北教育出版社的《周作人自编文集》，岳麓书社的《沈从文别集》。小书，翻阅方便。但是汪先生的书成套出，不好原貌再版，因为相重的篇目太多了。2005 年 8 月开始在电脑上录入，整理小说文本，校对，不亦乐乎。和张胜聊起这个新想法，他建议写出选题策划案，2006 年 2 月 2 日我就照猫画虎写了一个。

18　　有朋友给了我汪朝老师的地址，看起来像是汪先生最后的居所。没有电话，没有电子邮箱。有点怀疑那个地址能不能收到邮件。后来还是决定试一试，2007 年 4 月写了封纸信寄去，留了手机号。一周后收到汪朝老师回复的短信，说"有事可以联系"。

19　　2007 年 7 月前后，在天涯社区的"闲闲书话"注意到一位叫 Jien 的网友发的帖子，每天去看。后来从字里行间感觉出是香港的古剑先生。1987 年汪先生去美国参加爱荷华国际写作计划,写的家信中不时提到古剑。古先生不会贴图,有网友帮他贴,后来那位志愿者没时间了,我自告奋勇,于是开始和他邮件往来。

20 2007 年 9 月,偶然从什么地方看到,和汪先生有多年密切交往、曾经的青年作家苏北在天涯社区叫"土二狼",就给"土二狼"发了一个社区消息,想结识一下。月底忽然接到苏北电话,说了一大通,有一大半话我没听懂。不过总算"勾搭"上了。

21 2008 年 2 月 1 日,在《十月》杂志上读到解志熙老师整理的一组汪曾祺逸文,还有一封当年汪先生给他的回信。由此动念搜集整理一本汪曾祺书信集。北师大版全集编得匆忙,收的书信太少了。又想到李辉先生在大象出版社主持一套"大象人物书简文丛",当天晚上就发短信问:如果我编一本汪曾祺书信,是否可以列入出版?几分钟后他回复道:当然可以,开始做吧。

22 给古剑先生写信,问他手边有没有汪先生的书信,很快收到16 封信的复印件。另有 3 封信是写给香港三联编辑舒非的,也是古剑先生费心找舒非要来的。

23 三联书店的詹那达兄转发给我一封汪先生致汪家明书信扫描件,很有内容;打电话联系到漓江出版社彭匋先生(《汪曾祺自选

集》的责任编辑）、作家出版社石湾先生，也很顺利地拿到几封信。一
度乐观地想这事不难。稍后列出和汪先生有过交往的 50 多人名单，
或直接或间接去问，慢慢就觉出不易了。给贾平凹先生写过信，一周
后他的助手打电话来，说贾主席手里没有汪先生的信；从王安忆、张
新颖《谈话录》里看到，汪先生给王写过一个纸条，请陈村老师帮忙打
听，说早丢了；给韩少功先生写过信，回信说汪老写来的信都找不到
了，很遗憾，现在家里只剩下一幅汪先生的字："不即不离"……

24   录入整理《邂逅集》，才发现《汪曾祺短篇小说选》中收的几
篇早期小说和初版本差别甚大。但是 1949 年文化生活出版社的《邂
逅集》极其罕见，找很多人都借不到。后见网友"小粉桥"在孔夫子
旧书网拍到过这本书，就试着发消息问能不能借用，我可以按照书价
汇款作为押金。两天后收到回复，说没问题，不需押金。这本书我借
了三四个月，核对了四遍电子稿。60 年前的书，每次翻起来都小心翼
翼。

25   2008 年年底，罗少强兄编了一本孙犁的小书《芸斋小说》，张
胜装帧设计，联系在中州古籍出版社出版。12 月某日，我一个人正在
杭州逛学士路，张胜打电话来，问能不能看一遍稿子。回郑州后不久
拿到书稿，根据我的意思又删去几篇不属于"芸斋小说"的散文，找来
初版本和几个相关的集子，反复校勘。做完后问张胜，能不能向出版
社推荐，再版汪曾祺的《邂逅集》？古籍社答应下来，安排了编辑和我

对接。

26   2009 年 1 月,给黄裳先生写了封信,寄去《邂逅集》全书打印稿,请他作序,不久收到回信:"建新先生:收到您的来信,受到很大的震撼。知道曾祺的知音不止一二人。我那篇《也说汪曾祺》竟很快为您所见,并及时作出反应,也不及料。您设法重印《邂逅集》,极有必要,可为曾祺很好的纪念。命我作序,几经考虑,应说的话,在《也说汪曾祺》一文中都说过了,此集中《老鲁》一篇,曾全权由我改定,已在《故人书简》中说及,事隔多年,记忆已迷离,也无从回忆,想如随意作序,必成无聊的'时文',还是不作了吧。为免误刊期,只好直言相告,方命之处,望能谅解,并致歉意。您的来信热情真挚,读后不能忘。"

27   我在《中学生阅读》杂志负责的一个栏目,每月须请一位作家写自己少年时代的故事。2008 年之后,我开始有意识地联络和汪先生有交集的作者,约稿时也会说自己业余在编注曾祺书信集,问问他们手里有没有收存汪先生的书信。如此约来的作者包括孙郁、苏北、龙冬、古剑、曹乃谦、汪家明、李庆西、曾明了等等,联系过没写成稿子的更多:邵燕祥、何立伟、韩少功、蒋子丹、贾平凹⋯⋯

28   2009 年 12 月 25 日,汪朝老师来信说人民文学出版社打算出新版《汪曾祺全集》,领导希望一年内出来,"我想你的书信集最好在全集之前出来，于影响和市场有益，如果在之后出，意思就不大了。
当然你是很想尽量收得多一些，全一些。但人文社的编辑也说了，即
使是全集，也不敢说收全了。连鲁迅的佚文都还会出现"。

29 2011 年年初，汪朝老师说人文社为出《汪曾祺全集》，打算开
一个座谈会，问我愿不愿意参加。当然很愿意。而且从听说人文社
要做全集，就预感到我会参与其事。4 月 19 日去北京，先到北京十月
文艺出版社拜见龙冬老师，那天下午《北京晚报》记者孙小宁约他做
专访。后来到人文社，见到郭娟老师。晚上人文社请吃饭，很快又见
到了龙冬、小宁老师，龙老师细致地描述自己在汪先生家里吃饭，汪
先生一只手插在兜里，一只手炒菜。

30 4 月 20 日、21 日开了两天会，第一次见到孙郁老师，见到王
干、解志熙、王风、李光荣、苏北诸先生。开会前请汪朗、汪明、汪朝老
师给我带去的《老头儿汪曾祺》签名，又请他们签《邂逅集》初版本
（后来终于花 1750 元买到），都说，我们在上面写字不合适，回头给盖
个老头儿的章吧。

31 4 月 22 日下午，去海豚出版社拜访俞晓群先生。到北京前已
约过时间，又说汪先生有一组改编《聊斋志异》的小说，"海豚书馆"
都是小书，很期待能收进去做个单行本。聊了近一个小时，留下 40
多页《聊斋新义》打印稿。后来海豚社总编室主任李忠孝联系我，说

决定要出,想出成插图本,请蔡皋作插图。但迁延日久,终未果。

32　时在三联书店工作的罗少强兄约了孙郁老师一本《革命时代的士大夫:汪曾祺闲录》,嘱我做特约编辑。2011年底拿到稿子,处理了两遍,历时四个多月。2012年3月去云南,往返十多天,一路都在看这部书稿。

33　张胜帮忙联系河南文艺出版社,同意照我的设想出《汪曾祺集》10本。2012年8月,去北戴河参加中国语文报刊协会年会,先到北京,跟汪朝老师约了时间,陪张胜和文艺社的王国钦副总编去面谈出版计划。从2006年写选题策划案算起,不觉已过去六年。

34　2017年3月,在郑州到北京的火车上看到微信公众号"汪迷部落"转发了我的一篇短文,随手留言,联系上张先军老师。稍后张老师约我5月16日到高邮参加汪先生逝世20周年纪念活动。在高邮午餐时,恰好与杨早兄同席,我说20年前就是从杨老师文章里得知汪先生去世消息的。

35　2019年2月24日凌晨,想通了做《汪曾祺别集》的计划,随手写在一张书签上备忘。接下来几天陆续积攒材料,写方案。3月19日和汪朗老师、王树兴老师、早兄,一起在北平食府吃午饭。我当面陈述了这套书的编辑设想,请汪朗老师担任主编,汪老师欣然同意。接着便和请来参与的老师们一一打招呼，4 月 4 日拉了微信群，编委会就算正式成立了。大概是 4 月 6 日晚上，读蜜传媒老总金马洛兄打来电话："建新兄，我在龙冬老师家里，听说你要做汪先生别集啦，我们合作吧？"我说"好啊"。

36　2019 年 6 月，杨早兄提议在阅读邻居读书会的基础上做"读汪会"。第 1 期我们请来徐强兄，7 月 21 日在鲁迅书店开讲。汪朗老师亲临，《北京青年报》陈徒手、王勉老师也来捧场。我得以请徒手老师为《人有病　天知否：1949 年后中国文坛纪实》题签。许多年前，我在大学宿舍里捧读陈老师大作时，不会想到有一天将和作者相遇。似乎所有"汪事"，都是注定的偶然。

图书在版编目(CIP)数据

汪曾祺1000事/杨早,徐强,李建新著. --郑州:河南
文艺出版社,2023.12

ISBN 978-7-5559-1319-1

Ⅰ.①汪… Ⅱ.①杨…②徐…③李… Ⅲ.①汪曾祺
(1920-1997)-传记 Ⅳ.①K825.6

中国国家版本馆 CIP 数据核字(2023)第 177155 号

选题策划	陈　静
责任编辑	陈　静　王　宁
责任校对	殷现堂
书籍设计	刘瑞尹
封面绘画	邱小石

出版发行	河南文艺出版社	印　张	12.25
社　　址	郑州市郑东新区祥盛街 27 号 C 座 5 楼	字　数	250 000
承印单位	郑州印之星印务有限公司	版　次	2023 年 12 月第 1 版
经销单位	新华书店	印　次	2023 年 12 月第 1 次印刷
开　　本	890 毫米 × 1240 毫米　1/32	定　价	68.00 元